MAUPASSANT

BIOGRAPHIE
ÉTUDE
DE L'ŒUVRE

CLASSIQUES

Collection dirigée par
GÉRARD DIMIER
éditée par
PASCALE MAGNI
Conseiller littéraire
ÉRIC COBAST

BAUDELAIRE

DIDEROT

MAUPASSANT

PROUST

STENDHAL

VOLTAIRE

Martin Pasquet

MAUPASSANT

BIOGRAPHIE
ÉTUDE
DE L'ŒUVRE

ALBIN MICHEL

BIOGRAPHIE

Guy de Maupassant à 7 ans.

L'enfance

- Fécamp et Étretat.
- Jeux complices avec la mère.
- Jeux cruels avec le père. *p. 9*

Le poète Swinburne : une rencontre très étrange, qui sera à l'origine de deux nouvelles, *La Main*, et *La Main d'écorché*.

La jeunesse

- Les études.
- Premiers émois poétiques.
- Rencontre avec Swinburne.
- La guerre de 1870. *p. 18*

Pour oublier l'ennui des ministères, les plaisirs des bords de Seine.

Les débuts

- Emploi aux ministères.
- Plaisirs des bords de Seine.
- A l'école de Flaubert.
- *Boule de suif* (1880). *p. 24*

« La Guillette » à Étretat : Maupassant y trouve le calme nécessaire à la maturation de son œuvre.

La maturité littéraire

- Mort de Flaubert.
- *Une vie* (1883).
- Séjours à *La Guillette.*
- Voyages. *p. 46*

Une fin de vie marquée par l'angoisse, la souffrance et la folie.

La souffrance

- *Bel-Ami* (1885).
- Les femmes.
- Hallucinations.
- La maladie.
- La fin. *p. 63*

ÉTUDE DE L'ŒUVRE

L'expérience vécue

- Les racines p. 86
- Un univers cruel p. 88
- La guerre p. 90
- La guerre de 1870 p. 92

La capitulation de l'armée française, vaincue par les Prussiens devant Sedan !

L'artiste

- Le réalisme p. 96
- L'art p. 100
- La description p. 104
- Un paysage p. 108
- Un portrait p. 110

Le père spirituel de Maupassant, Gustave Flaubert.

Le fantastique

- L'inspiration fantastique p. 112
- L'écriture du fantastique p. 116
- Raison ou folie ? p. 118
- Télékinésie p. 120
- Le Moi p. 122
- Le dédoublement p. 126
- L'eau p. 128

Maupassant explore les profondeurs de l'âme, d'où il fait surgir l'insolite et l'horreur.

Le pessimisme

- Le mal p. 132
- La critique sociale p. 134
- La mondanité p. 136
- Le divertissement p. 138
- L'hypocrisie p. 140
- Le néant p. 142
- La pulsion de mort p. 144
- L'angoisse p. 146
- L'hallucination morbide p. 148
- La femme p. 150
- La prostituée p. 152
- La victime p. 156
- L'usure du temps p. 158
- La solitude p. 160
- Le regret p. 162
- Le jardin refuge p. 164
- Autrui p. 166

Une influence décisive : celle du pessimisme du grand philosophe allemand, Schopenhauer.

La femme : piège ou idéal ?

L'œuvre

- *Une vie* p. 168
- *Bel-Ami* p. 170
- *Le Horla* p. 174
- *Pierre et Jean* p. 176
- *Fort comme la mort* p. 180

Bel-Ami, ou les dessous d'une réussite parisienne.

BIOGRAPHIE

1

Paysages d'enfance :
Fécamp et Étretat — Laure, la mère et Gustave, le père

IL naît le 5 août 1850, dans un manoir. Ou plutôt à Fécamp dans une maison bourgeoise. La légende est séduisante : Guy de Maupassant aurait vu le jour au château de Miromesnil, non loin de Dieppe, près de Tourville-sur-Arques. Lieu éminemment poétique, battu des brises du large, auquel on accède grâce à une longue allée de hêtres centenaires. Là serait né Maupassant, dans la chambre de la tour regardant l'ouest. Pourtant, lorsque l'écrivain revient sur les lieux de son enfance, la grande bâtisse ne lui rappelle rien, alors qu'il évoque dans une lettre à la nièce de Flaubert le banc de Fécamp qu'il assimilait dans ses jeux et ses rêves d'évasion à un navire voguant au large. Mystère ?

Créateur de légendes, et non des moindres, puisqu'on a vu dans cette naissance le signe d'un secret familial, le « mystère » peut être aisément dissipé : Guy n'est pas le fils de Gustave (Flaubert), comme on l'a prétendu parfois, et si sa vie commence par une énigme, c'est l'effet d'un subterfuge.

Laure entre en scène, la mère de l'auteur, née Le Poittevin, qui incite Gustave (Maupassant) à revendiquer le droit d'ajouter la particule à son nom, pour devenir Gustave de Maupassant, tout comme ce Jean-Baptiste Maupassant, conseiller-secrétaire du roi, que la cour d'Autriche anoblit en 1752. « De Maupassant », Gustave le devient effectivement, le tribunal de Rouen ayant accédé à sa requête, peu avant la cérémonie du mariage, en novembre 1846. Ainsi, Laure effaçait les traces de sa propre naissance, bourgeoise, au sein d'une famille de filateurs et d'armateurs rouennais. Elle ne faisait d'ailleurs que répéter l'histoire familiale, puisque son père, déjà, était entiché de noblesse, ainsi qu'une aïeule de son père, qui rechercha la compagnie des aristocrates et correspondit avec les beaux esprits de son époque.

Laure falsifia l'état civil, rêvant pour son fils d'un lieu de naissance autrement glorieux que Fécamp, ville de commerçants et de saleurs. Ayant accouché à Fécamp, elle ne déclara son fils qu'après avoir rejoint Miromesnil, loué pour la circonstance. Six ans plus tard, d'un château l'autre, c'est Grainville-Ymauville, superbe demeure seigneuriale, qui accueille la naissance du frère, Hervé. Noblesse oblige.

Mais les effets de la mise en scène sont catastrophiques. A son insu, Laure de Maupassant lègue à Guy une blessure imperceptible, une secrète déchirure. La vie et l'œuvre sont marquées par cette imposture de l'origine, qui contribua à séparer Maupassant de lui-même, à scinder son identité : pour venir au monde, ne s'y est-il pas repris à deux fois ? Une première fois, sa mère lui donne la vie, mais dans un lieu méprisé parce qu'il sent trop sa roture. Une deuxième, elle lui permet de justifier de son nom, de son titre, en déclarant la naissance au lieu aristocratique et prestigieux, mais elle souffre de la naissance à Fécamp comme d'un échec. Dès lors, le fils oscille entre l'orgueil et la hantise de son nom.

Orgueil : tout enfant, il répond d'une seule traite à qui lui demande comment il s'appelle : « Guydemaupassant ».

Plus tard, il dépouille les archives de sa famille et, à en croire les Goncourt, il tirera toujours vanité de sa noblesse.

Hantise : *Vous est-il jamais arrivé de trouver tout drôle votre nom dans votre propre bouche ? Moi, cela m'arrive souvent. Je prononce mon nom à haute voix, plusieurs fois de suite, puis je n'y comprends plus rien, je perds la mémoire et je reste là comme halluciné, à émettre des sons dont je ne peux pénétrer le sens.* Bel exemple de dépossession de soi, le nom ne coïncidant plus avec celui qui le porte, devenant même indéchiffrable. L'être est comme divisé, le nom acquiert une existence autonome, une consonance étrange, voire étrangère : l'Autre n'est pas loin, dont la présence redoutée, *Horla* maléfique, obséda Maupassant toute sa vie.

A ce déséquilibre créé par la division de la personnalité s'ajoutent des circonstances familiales particulières qui l'aggravent, mais pour l'heure qui s'en douterait ? Guy n'est-il pas dès son jeune âge un garçon robuste et sans histoire, comme les paysans dont il partage les jeux ? Il pousse en force et se râble comme un petit taureau : la comparaison revient souvent à son propos, sous la plume de ceux qui l'ont connu. De grands yeux qui jettent un regard un peu farouche, un cou charnu, un torse large, une tête forte et ronde, signe d'intelligence, d'obstination et d'endurance à l'effort, voilà l'image qu'il offre à son entourage. Le mythe familial s'est d'ailleurs emparé de certains détails physiques, pour leur trouver une explication. Cette tête ronde et puissante, Laure l'attribue à la manipulation du médecin qui présida à la naissance de Guy. Écoutons François Tassart, valet de chambre de l'auteur : « Mon maître est prêt à partir pour une grande soirée [nous sommes en 1889]. Il tourne et retourne son claque entre ses mains ; tout en le regardant, il finit par dire : "Il est bien usé et surtout démodé. Il faudra que je m'en commande un ; car, excepté pour mes chapeaux mous, je suis toujours obligé de les faire faire sur mesure. J'ai la tête si ronde que je ne trouve jamais rien de tout fait. Cette tête absolument ronde que nous avons, mon frère et moi, vient, m'a dit ma mère, de ce que le vieux médecin, qui nous a reçus à notre arrivée dans ce monde, nous a aussitôt pris entre ses genoux, nous a fortement massé la tête, en finissant par le geste du potier qui arrondit son pot d'un coup de pouce fin. Puis il dit alors à ma mère : 'Vous voyez, madame, je lui ai fait une tête ronde comme une pomme qui, soyez sûre, donnera plus tard un cerveau très actif, et presque sûrement une intelligence de premier ordre.' [...] Je me demande parfois si c'est le massage de ce bon vieux docteur sur mon jeune cerveau, en le pétrissant d'une certaine manière, qui me permet de donner si facilement aujourd'hui un travail au-dessus de la moyenne." »

Activité cérébrale, activité physique, il semble que Guy ait eu besoin d'une extraordinaire dépense d'énergie. Jusqu'à treize ans, il mène une existence aventureuse et vagabonde. Laure s'est retirée à Étretat, déçue par son mari, profondément blessée de ses infidélités : ne la trompe-t-il pas, et sous son toit, quand ils habitent le château de Grainville-Ymauville ? Elle s'installe alors aux *Verguies*, villa qui lui appartient. Cette demeure, dont elle a elle-même dessiné le jardin, et la compagnie de ses deux fils lui apportent une consolation aux désillusions de son mariage. C'est là que Guy développe son goût pour les courses folles et les escapades.

Il s'enfuit, tel un « poulain échappé » — le mot est de sa mère —, pour rejoindre les pêcheurs, les marins avec qui il explore les grottes des environs, ou s'en va lever les filets posés la veille, sans crainte des tempêtes. Bientôt, la navigation et la pêche n'ont plus aucun secret pour lui. De cet amour de la mer, il nourrira son œuvre, trahissant la nostalgie de l'enfance errante, et la soif de liberté qu'il partage avec les *écumeurs de mer* auxquels il s'identifie. Rêverie exotique. La mer condense tout un faisceau d'images bienfaisantes, elle est la promesse *des pays aux grandes fleurs et aux belles filles pâles ou cuivrées, des pays aux oiseaux-mouches, aux éléphants, aux lions libres, aux rois nègres, de tous les pays qui sont nos contes de fées à nous qui ne croyons plus à la Chatte blanche ni à la Belle au bois dormant*. Très tôt, Guy aime la compagnie de ces fils de pêcheurs ou de cordiers, qu'il suit dans leurs jeux et leurs excursions. Cette fréquentation lui vaut une connaissance parfaite du patois normand, et sa gentillesse l'affection de tous. On apprécie sa bonne humeur, et l'absence de façons avec ses camarades, qu'il considère comme ses pairs en dépit de la différence sociale. On rapporte à ce propos qu'il répondit un jour à une mère qui voulait faire porter le panier de provisions à un garçon sous prétexte qu'il était fils de pêcheur : *Certes, Madame, nous porterons le panier chacun à notre tour; et c'est moi qui commence!*

De fait, Guy semble préférer Étretat et Fécamp aux grandes demeures louées par ses parents, même s'il n'est pas insensible au charme de leurs hêtraies obscures, ou de leurs toits pointus qui perdent des tuiles au gré du vent. Il déclare avoir grandi dans *une petite ville de pêche*, au milieu d'odeurs fortes de poissons séchés, de filets *séchant le long des portes*, des saumures *dont on fume les terres*, de varechs enfin, *quand la marée baisse*. Cette euphorie des sensations est bien évidemment liée à une géographie affective, qui donne une place de choix aux localités de la côte normande, dont l'auteur égrène les noms évocateurs de son enfance tout au long de son œuvre.

Et surtout Étretat, ville inoubliable, avec ses falaises à l'ossature imposante, encadrant la plage de galets. Les arcades de la Manneporte et de la falaise d'Aval, ainsi que l'Aiguille, altière, inspirent une description pittoresque dans *Une vie*, où Jeanne, l'héroïne, et son mari, à bord d'une barque, découvrent un paysage féerique : la petite porte d'Étretat tout d'abord, *une roche d'une forme étrange, arrondie et percée à jour, ayant à peu près la figure d'un éléphant énorme enfonçant sa trompe dans les flots* ; les grandes arches ensuite, *pareilles à deux jambes de la falaise marchant dans la mer (...) tandis qu'une aiguille de roche blanche et pointue se dressait devant la première*. Maupassant dut le contempler souvent, ce spectacle adouci dans ses lointains par un brouillard mordoré, qui révélait en se levant la mer étale et miroitante.

Point d'ancrage de l'œuvre et de la vie, Étretat l'est aussi en tant que lieu maternel. La villa des *Verguies*, propriété de Laure de Maupassant, cristallise une rêverie de l'origine, et associe à la mère l'image d'un lieu édénique qui tire son nom des vergers environnants. C'est vers la chère maison que, plus tard, se tournent les souvenirs de l'auteur désormais célèbre, au point de faire construire, non loin d'elle, la villa de *La Guillette*. Nostalgie du Paradis perdu, désir de reprendre en sens inverse le parcours de la vie, jusqu'aux années heureuses. Car elles le furent, en compagnie de la mère, dans cette bâtisse du XVIIIe siècle au bas de la route de Fécamp, dans ce jardin où croissaient bouleaux, épines roses, épines blanches, tilleuls et sycomores.

Laure encourage les vagabondages de son fils. Mieux, elle y participe. Elle est l'initiatrice. Grâce à elle, le jeune garçon prend plaisir à observer le paysage normand, à en saisir les aspects singuliers et changeants. Avec elle, il se lance dans des excursions parfois dangereuses. Un jour, se promenant sur la plage d'Étretat, ils oublient la marée montante, sont obligés pour fuir d'escalader la falaise, en l'absence de la corde à nœuds, — elle a disparu —, servant à se hisser au sommet. Commence alors une folle ascension, rendue périlleuse par l'effritement de la roche. Des blocs entiers se détachent, menaçant d'entraîner dans leur chute une Laure effrayée, mais heureuse au fond de suivre son fils au cœur du danger. Les imprudents arrivent sains et saufs ; ils ont échappé, ensemble, à l'abîme.

Mais plus encore qu'une compagne de jeux, la mère est une éducatrice. C'est elle qui donne à Guy les bases de sa formation littéraire. Elle lui transmet son amour du théâtre, de la poésie, de Shakespeare qu'elle lit dans le texte et pour qui elle a une véritable prédilection, peut-être en souvenir de son frère défunt, Alfred, qui le lui fit découvrir. Elle le fait donc lire à son fils, qui éprouve lui aussi une grande émotion en entrant dans l'univers de *Macbeth* et du *Songe d'une nuit d'été*. Sans doute, elle le rêve écrivain. Il ressemble tant à son frère ! Portrait du jeune Guy en poète, telle semble être l'image que cette femme caresse, pour réparer la mort du frère tant aimé. C'est son propre passé qu'elle essaie de sauvegarder à travers Guy. Elle n'a pas oublié ses amis d'enfance, Flaubert et sa sœur Caroline. Elle se souvient du « théâtre », — vaste pièce que le père de Flaubert abandonnait à son fils dans sa propre maison —, où elle donna la réplique à son frère Alfred, futur poète, et à Gustave, futur Flaubert, mais pour l'heure âgé de dix ans et auteur très précoce de tragédies.

Guy lui voue une affection sans bornes. Comment ne pas aimer et admirer une femme aussi intelligente, aussi cultivée ? Et si belle. D'épais bandeaux de cheveux bruns encadrent un visage aux lignes très pures, qu'illumine un regard fier empreint de gravité. Elle appartient, comme les escapades avec les pêcheurs et la blanche retraite des *Verguies*, au versant heureux, au paradis de l'enfance.

Mais des ombres nombreuses obscurcissent ce tableau. S'il est vrai que les enfants héritent des blessures de leurs parents, Guy dut porter une part du déchirement que représenta pour Laure la mort d'Alfred, en avril 1848. Il dut souffrir aussi pour sa mère, en proie à une douleur intolérable chaque fois qu'elle devait affronter une trop vive lumière. Atteinte d'une grave maladie, la maladie de Basedow, elle devint irritable, s'enfermant progressivement dans une sorte de névrose, dont l'abus des drogues destinées à apaiser sa douleur ne l'aidait en rien à sortir. Le spectacle de la désunion des parents, voire de la violence au sein du couple, joue enfin un rôle décisif dans l'orientation d'un caractère dont la gaieté masque une réelle souffrance.

Laure épouse Gustave par amour, en 1846. Elle est séduite par cet homme distingué, au regard sensuel, évocateur des rivages ensoleillés de l'île Bourbon, d'où sa grand-mère, créole, était originaire. Elle se laisse prendre au leurre des talents : Gustave n'est pas seulement un dandy habillé comme un jeune « lion » au dernier goût du jour (gilet de soie, pantalon à carreaux et cravate noire), il peint fort convenablement. Mais elle découvre bientôt son manque de culture et d'intelligence, et surtout son caractère velléitaire : incapable de résister longtemps à la tentation d'une femme entrevue, il se révèle un mari volage, coureur impénitent ne dédaignant pas même les aventures ancillaires. Dans ces conditions, le ménage ne pouvait longtemps rester uni.

Le fils fut témoin de querelles orageuses. Peu à peu il se détache de son père, ou du moins le considère d'un peu haut, inversant à son profit le rapport des forces en présence, comme s'il désirait le gêner, voire le torturer, afin de venger sa mère, dont il devine très tôt qu'elle est une épouse trahie dans sa foi et son amour. Ce renversement du pouvoir, maintes anecdotes en témoignent. Il suffira de rappeler l'une d'entre elles, particulièrement significative de la

La maladie de Basedow : exagération de la sécrétion de la glande thyroïde.
Jeune « lion » : jeune homme à l'élégance raffinée.

désinvolture avec laquelle Guy traite Gustave : Mme de Z. était alors l'heureuse bénéficiaire des faveurs du père. Elle invite Hervé et Guy à une matinée d'enfants, mais le plaisir qu'escompte Guy de cette petite fête semble compromis par la faute de son frère, malade ce jour-là. Gustave se propose aussitôt pour conduire Guy chez Mme de Z. L'empressement dont il témoigne en la circonstance n'échappe pas au regard attentif de son fils, qui en comprend les véritables motifs. Commence alors un jeu cruel, où l'on voit Guy faire exprès de traîner pour s'habiller, refuser d'attacher les lacets de ses souliers, ordonner même à son père de venir les lui nouer. Or, Gustave s'exécute, prêt à toutes les faiblesses, à tous les renoncements pour retrouver l'élue momentanée de son cœur. Plus tard, c'est encore à Gustave que Guy, élève au séminaire d'Yvetot, adresse ses remontrances, pour un envoi de dictionnaire, promis et finalement oublié. L'image paternelle n'est guère flatteuse, et la souffrance à laquelle le père est associé, et qui est souffrance de la mère *à cause* du père, ne peut être tenue à distance qu'en vertu d'une condescendance, celle de Laure, celle de Guy, équivalant à un déni de maturité : le père est à jamais considéré comme un grand enfant, dont le charme est à la mesure de l'irresponsabilité.

2

Les études — Premiers émois poétiques — Rencontre insolite avec Swinburne — La guerre de 1870

D'AUTRES expériences, parfois très douloureuses, achèvent de façonner le jeune garçon. Jusqu'alors, Guy partage son temps entre les jeux et la lecture, et les jours coulent dans une oisiveté qui ne peut manquer d'inquiéter une mère avant tout soucieuse de l'avenir de son fils. Certes, Guy a étudié les rudiments de la grammaire, de l'arithmétique et du latin sous la direction de l'abbé Aubourg, le vicaire d'Étretat. Mais il lui faut maintenant une éducation plus solide et fondée sur une discipline rigoureuse qui puisse corriger les mauvaises habitudes contractées dans cette période de liberté presque totale. Laure se résigne à la séparation et envoie Guy au collège d'Yvetot, plus proche d'Étretat que Rouen. C'est un véritable arrachement. Dans ce séminaire qui accueille les fils de la bourgeoisie et de la paysannerie aisée du pays de Caux règne une austérité de prison. Quel contraste avec la fantaisie et l'absence de contraintes, avec le joyeux dérèglement de la vie aux *Verguies* ! Guy supporte difficilement la séparation, incapable de s'adapter à la réclusion et à la discipline. Il se plaint du manque général d'hygiène, mais aussi de ses camarades, qu'il juge peu intelligents et antipathiques.

Quant à ses professeurs il s'en moque d'autant plus facilement qu'il n'a jamais vraiment eu l'esprit religieux et trouve ridicules les rites et l'ordre des cérémonies. Et pourtant, personne ne devine la révolte qui couve sous l'apparence lisse du garçon docile et assidu.

Au début, ses maîtres apprécient la régularité dont il fait preuve dans la conduite comme dans le travail, mais l'extrême tension créée par le sentiment étouffant d'une oppression continuelle doit trouver son exutoire : Guy se réfugie dans l'écriture, il compose des poèmes imprégnés d'un romantisme conventionnel qui fait une large place à la nature, à l'amour, et accueille les premiers émois d'une sensualité exacerbée.

Lesté d'une solide culture humaniste, — car le passage par Yvetot n'a pas été inutile —, l'adolescent entre comme interne au lycée de Rouen en 1868, dans la classe de rhétorique. Autant il déteste Yvetot, autant Rouen lui apparaît comme une ville fascinante et contrastée, riche de son passé médiéval mais porteuse aussi d'une modernité laborieuse et technicienne, celle des usines et de la révolution industrielle. Dans *Bel-Ami*, Rouen est vu de Canteleu. Regard en surplomb, description panoramique, qui oppose au *peuple gothique des sommets d'églises que dominait la flèche aiguë de la cathédrale* celui des usines du faubourg de Saint-Sever, dominé par *la grande pompe à feu de « La Foudre »*, dont Maupassant dit qu'elle *semblait la reine du peuple travailleur et fumant des usines, comme sa voisine était la reine de la foule pointue des monuments sacrés.*

Il se plaît dans la ville, et s'habitue même au régime de l'internat. Bien sûr, il continue à rimer, et s'il écrit encore des vers polissons, plus personne n'en prend ombrage. Mieux, il est considéré comme un poète authentique par ses camarades et même ses professeurs qui inscrivent au cahier d'honneur du lycée un poème sur Dieu, empreint d'un pessimisme à la Vigny et intitulé *Dieu créateur*. Solitude d'un Dieu impassible, mais prisonnier au fond de sa grandeur même et de son destin qui le fait vivre *dans l'éternel ennui d'un éternel présent*. Guy croit sans doute à sa vocation poétique, influencé par l'histoire familiale et ce qu'il sait de son oncle Alfred, emporté trop tôt par la maladie qui l'arrache à sa muse. Il a la chance, à ce moment de l'adolescence où l'on aimerait trouver à l'extérieur un soutien bienveillant et attentif, de rencontrer un poète, d'ailleurs ami de sa famille et de son oncle, en la personne de Louis Bouilhet, conservateur de la bibliothèque de Rouen. Il passe bientôt presque tous ses dimanches chez cet homme désabusé, qui jouit d'une certaine renommée mais qui n'a pas fait école, « chef sans troupes que la vie a déçu », comme l'appelle fort justement Paul Morand. C'est grâce à l'auteur des *Fossiles* qu'il rencontre Flaubert. Rencontre décisive : il se choisit un père, qui remplace l'autre, le vrai mais sans épaisseur, inconsistant, tout autant qu'il est choisi par le Maître, profondément ému de sa ressemblance avec l'être qu'il a sans doute le plus aimé, l'ami de toujours, Alfred Le Poittevin. Les deux écrivains l'éclairent de leurs conseils, l'encouragent sans complaisance, et l'incitent à travailler avec opiniâtreté.

Maupassant dans la préface de *Pierre et Jean* leur rend hommage : *Bouilhet, que je connus le premier d'une façon un peu intime, deux ans environ avant de gagner l'amitié de Flaubert, à force de me répéter que cent vers, peut-être moins, suffisent à la réputation d'un artiste, s'ils sont irréprochables et s'ils contiennent l'essence du talent et de l'originalité d'un homme même de second ordre, me fit comprendre que le travail continuel et la connaissance profonde du métier peuvent, un jour de lucidité, de puissance et d'entraînement, par la rencontre heureuse d'un sujet concordant bien avec toutes les tendances de notre esprit, amener cette éclosion de l'œuvre courte, unique et aussi parfaite que nous la pouvons produire.* Nécessité du travail, quête de la perfection sont donc les principes essentiels de l'enseignement qu'il reçut du poète. Quand celui-ci mourut, en 1869, c'est Flaubert qui devint son mentor : *Plus tard, Flaubert, que je voyais quelquefois, se prit d'affection pour moi. J'osai lui soumettre quelques essais. Il les lut avec bonté et me répondit : « Je ne sais pas si vous aurez du talent. Ce que vous m'avez apporté prouve une certaine intelligence, mais n'oubliez point ceci, jeune homme, que le talent — suivant le mot de Buffon — n'est qu'une longue patience. Travaillez.* » Même leçon, qui commença de porter ses fruits : *Je travaillai, et je revins souvent chez lui, comprenant que je lui plaisais, car il s'était mis à m'appeler, en riant, son disciple.* Flaubert lui inculque son goût de l'originalité, entendue dans le sens d'une double mise à nu : de l'objet tout d'abord, perçu sous un angle neuf, *inexploré*, de l'artiste aussi, qui s'arrache aux clichés, aux stéréotypes, pour naître à sa propre voix, unique et singulière. Mais Maupassant a réagi avec son tempérament aux leçons de ses deux maîtres et son expérience jointe à sa sensibilité l'ont peu à peu poussé vers le conte, la nouvelle et le roman qui lui permirent d'atteindre à l'expression de *sa* vision du monde, mieux que ne l'avait fait jusqu'alors la poésie. En 1869, date à laquelle il est reçu bachelier, les orientations essentielles sont en place : lumière et ombre, l'être maupassantien est pétri de contradictions répétant la fêlure, les fêlures de l'origine. Amour de la vie, sensualité, gaieté gauloise s'épanouissant dans la farce « hénaurme », c'est la part lumineuse, avec tout ce qu'elle suppose de désirs, d'appétits de jouissance : Guy sur la plage d'Étretat, ou dans la campagne normande, convoitant les femmes, paysannes ou baigneuses. Mais aussi : la blessure initiale, l'inquiétude, le pessimisme, nour-

Hénaurme : orthographe plaisante de Flaubert (*Correspondance*).

ris de la mésentente des parents, voilà pour l'ombre. Et même, la fascination pour la folie et la mort : c'est en 1866, ou en 1868, qu'il participe, à Étretat, au sauvetage du poète Algernon Charles Swinburne. Celui-ci, ivre, se jette de sa barque, manque se noyer. Pour remercier le jeune homme, le poète le convie dans la *Chaumière Dolmancé*, ainsi nommée par hommage au marquis de Sade. Guy se voit offrir du rôti de singe qui exhale une odeur écœurante, il est prié d'admirer des tableaux et des aquarelles pour le moins étranges, œuvres d'aliénés, comme celle qui représente une *tête de mort naviguant dans une coquille, sur un océan sans limites, sous une lune à figure humaine.* Il reçoit en cadeau une main d'écorché, sinistre, dont les *muscles noirs* sont mis à nu, et qui sera le support de son imagination macabre, dans deux nouvelles qui lui seront consacrées, *La Main*, et *La Main d'écorché*. Zone d'ombre...

C'est alors qu'éclate la guerre de 1870. A vingt ans, il part, et cet arrachement, plus douloureux encore que celui d'Yvetot, le confronte à la souffrance et à la misère humaines. Versé dans l'intendance et affecté à la 2e division à Rouen, il n'a certes pas une connaissance directe des combats, mais durant la débâcle, après le désastre de Sedan, il fuit avec l'armée en déroute, risque d'être pris en portant un ordre de l'intendant au général. Surtout, il observe les soldats, ses camarades, et les Français envahis. *Héroïsme atroce* de certains, qui inspire mainte nouvelle : dans *La Mère sauvage*, une mère venge son fils en incendiant la grange où dorment ses pensionnaires, les quatre Prussiens si serviables et pleins d'attentions que la loi de la guerre a installés à demeure chez elle ; dans *Le Père Milon*, un homme, en apparence *soumis et complaisant* envers l'occupant, élimine systématiquement les uhlans isolés envoyés en éclaireurs, par représailles — les Prussiens lui prennent ses bêtes et

Uhlans : lanciers de l'armée allemande.

son fourrage —, mais aussi pour venger la mort de son père, soldat de Napoléon Ier, et celle de son fils cadet ; la belle Irma, la malheureuse héroïne du *Lit 29* que les Prussiens ont violée et contaminée, refuse de se soigner pour transmettre son mal à l'envahisseur et l'*empoisonner* tant qu'il est à Rouen. Et, bien sûr, le Monsieur Dubuis d'*Un duel*, qui se bat pour l'honneur d'une France outragée. Et *Boule de suif*. Et Rachel, la brune héroïne de *Mademoiselle Fifi*.

En plein désastre, Guy a encore la force d'espérer : *Je t'écrirai encore quelques mots aujourd'hui, chère mère, parce que, d'ici à deux jours, les communications seront interrompues entre Paris et le reste de la France. Les Prussiens arrivent sur nous à marche forcée. Quant à l'issue de la guerre, elle ne fait plus de doute : les Prussiens sont perdus, ils le sentent très bien du reste, et leur seul espoir est d'enlever Paris d'un coup de main, mais nous sommes prêts ici à les recevoir...* Il ne peut longtemps se bercer d'illusions. Sur le point d'entrer, grâce aux intrigues paternelles, dans l'Intendance de Paris, il se prépare au siège de la capitale, dont il prévoit la rigueur extrême, à juste titre. Encore beaucoup de souffrances, puis c'est la paix du 10 mai 1871, négociée durant la Commune, sursaut national et populaire contre la défaite en même temps qu'aspiration à une révolution sociale. Maupassant, qui parvient à se faire remplacer, quitte l'armée en septembre. Il est à un tournant de son existence, où, devenu homme, ayant rompu avec les charmes insouciants de l'enfance et de l'adolescence, ayant affronté le danger et la mort, il doit gagner non seulement sa vie, mais encore son nom d'écrivain. Tant il est vrai que l'écriture représente pour lui une issue aux contradictions douloureuses, et même la seule. Essai de synthèse, dépassement du conflit, de l'ombre opposée à la lumière.

3

Emploi aux ministères — Les plaisirs des bords de Seine A l'école de Flaubert — **Boule de suif** *(1880)*

PENDANT huit ans, de 1872 à 1880, date à laquelle il publie *Boule de suif*, Guy traîne dans les couloirs et les bureaux des ministères des jours d'un ennui déprimant, se plaint des tâches fastidieuses et machinales auxquelles on l'astreint, et des heures dérobées au seul métier qu'il reconnaît pour sien, celui d'auteur. Certes, lorsqu'en 1878, il quitte pour le ministère de l'Instruction publique le ministère de la Marine, qui l'a accueilli en mars 1872, nommé surnuméraire en octobre et titularisé en 1874, il dispose d'un peu plus de loisir à consacrer à son œuvre. Flaubert en est d'ailleurs conscient, qui se réjouit de le voir, « plus tranquille », se remettre à travailler. Mais ce répit est de courte durée. Bientôt reprennent les plaintes et les invectives contre un gagne-pain trop tyrannique, contre la médiocrité des collègues et la mauvaise humeur des chefs. La correspondance se fait l'écho de cette vie triste qui représenta pour l'auteur, même si l'on fait la part de l'exagération, une prison et un *enfer*. *La journée me semble aujourd'hui d'une longueur interminable, plus longue certes que les quinze jours que je viens de passer à Étretat. Il est quatre heures et demie, je ne suis venu au bureau qu'à midi et demi et il me semble qu'il y a au moins dix heures que je suis enfermé là-dedans.* Ou encore, cette plainte qui trahit une profonde angoisse : *Si seulement nous étions au mois de janvier, le cap terrible serait doublé, quand les jours rallongent, pour moi on est sauvé. C'est décembre qui me terrifie, le mois noir, le minuit de l'année. On nous a déjà donné des lampes au ministère. Dans un mois, nous ferons du feu* (lettre du 6 octobre 1875).

Tout lui est pesant dans cet univers étouffant et mesquin. Lui qui veut *faire le jeune homme*, ce qui semble dans l'absolu assez naturel, mais encore plus de la part d'un tempérament aussi fougueux et ardent que le sien, il ne gagne pas suffisamment pour échapper à une gêne dont il prend Flaubert à témoin (lettre du 4 novembre 1878) : *Je n'ai que 2 000 francs plus une pension de 600 francs que me fait mon père, pension qui me sera supprimée quand mon père quittera son bureau dans quatre ans ; c'est à peine si je peux vivre, après avoir payé mon terme, mon tailleur, mon bottier, la femme de ménage, la blanchisseuse, et la nourriture ; sur mes 216 francs par mois, il ne me reste pas plus de 12 à 15 francs pour faire le jeune homme.* Il souffre aussi de la routine, qui fige les comportements et les attitudes. Rituel immuable, l'arrivée dans le local de travail et les gestes qui l'accompagnent : *Chacun pénétrait dans sa case, serrait la main du collègue arrivé déjà, enlevait sa jaquette, passait le vieux vêtement de travail et s'asseyait devant sa table où des papiers entassés l'attendaient. Puis on allait aux nouvelles dans les bureaux voisins. On s'informait d'abord si le chef était là, s'il avait l'air bien luné, si le courrier du jour était volumineux.* La fantaisie n'est cependant pas absente, à titre de compensation bien maigre. Les farces qui font rire les personnages de *L'Héritage* sont trop répétitives et attendues pour n'être pas dérisoires : pendant six mois, on joue le même tour au père Savon. Ce malheureux *expéditionnaire* peste contre la défectuosité des fournitures du bureau, étant obligé de recommencer plusieurs fois son travail de copiste à cause de la mauvaise qualité de l'encre qui glisse sur la plume et dépose sur le papier d'infâmes taches rondes. Ce qu'il ne sait pas, c'est que ses bien attentionnés collègues versent *quelques gouttes d'huile sur l'éponge mouillée pour décrasser les plumes* ! Il ne sait pas non plus qu'on mêle à son tabac de la *poudre de chasse*, et quelques *drogues* à l'eau de sa carafe. Moyennant quoi, la bonne humeur règne dans le bureau : *Cachelin secouait la table avec son ventre ; Maze se courbait en deux comme s'il allait entrer à reculons dans la cheminée ; Pitolet tapait du pied, toussait, agitait sa main droite comme si elle eût été mouillée, et Boissel lui-même* — le mythomane, dont on se moque aussi, parce qu'il raconte chaque jour ses exploits de la veille, accomplis en dépit de la débilité de son bras — *étouffait, bien qu'il prît généralement les choses plutôt au tragique qu'au comique*. Finalement, farces et propos sérieux se rejoignent ; enlisés dans la répétition, ils n'en finissent pas de dire l'insoutenable pesanteur de l'être administratif, englué dans ses préoccupations continuelles d'*avancements* et de *gratifications*. A la veille du jour de l'an, *époque de zèle*, on n'entend plus dans les bureaux que des discussions portant sur les chances de chacun d'être promu, ou primé. Bref, *on supposait les chiffres, on balançait les titres, on s'indignait d'avance des injustices prévues. On recommençait sans fin des discussions soutenues la veille et qui devaient revenir invariablement le lendemain avec les mêmes raisons, les mêmes arguments et les mêmes mots.*

On comprend que dans ces conditions le jeune homme n'ait pas manifesté un grand intérêt pour son travail. Il bâcle, se fait porter pâle, insolemment. Car personne ne peut ignorer son goût des armes et du sport, sa vigueur et sa santé peu communes. Il provoque même un cataclysme, une de ces révolutions minuscules propres à bouleverser tout un service et les usages, en feignant d'oublier que, pour quitter la Marine, il faut avoir suivi la voie hiérarchique. On s'en passe : Flaubert ne l'a-t-il pas recommandé auprès de son ami Agénor Bardoux, alors ministre de l'Instruction publique dans le cabinet Dufaure ? Pourtant, Maupassant n'a pas toujours été la victime des vexations infligées par ses supérieurs. S'il peut écrire qu'il passe ses jours entre *un collègue imbécile et un chef qui [l'] engueule*, qu'il ne parle plus *au premier* et ne répond plus *au second*, acceptant d'ailleurs avec une joie secrète d'être méprisé par *tous deux* et considéré comme *inintelligent*, certains du moins apprécient ses mérites, tel l'amiral Martineau des Chenetz, qui le trouve vif, zélé, et d'une tenue irréprochable. Peut-être entre-t-il un peu de pose dans ses invectives contre les deux ministères qui l'ont employé, peut-être s'est-il montré moins insoucieux de son travail qu'il ne l'a prétendu. Peut-être aussi son zèle a-t-il été inconstant, sa bonne volonté se relâchant d'autant plus que lui pèse l'ambiance confinée et mesquine des bureaux, d'autant plus que se fait sentir l'urgent besoin d'écrire. Peu importe, au fond. Il n'en reste pas moins vrai qu'il a vécu comme une blessure douloureuse, comme une plaie toujours ouverte, ces huit années passées rue Royale et rue de Grenelle. Elles n'auront cependant pas été inutiles. Non seulement l'apprenti écrivain utilise une partie de son temps de travail à peaufiner les poèmes qu'il soumet à la critique de son maître, mais il observe avec acuité le milieu qui l'entoure, emmagasinant dans sa mémoire la matière humaine dont il nourrira son œuvre.

Les plaisirs qu'offrent la Seine et le canotage permettent à Guy d'oublier l'ennui des ministères et les chefs tatillons qui empoisonnent son existence. La Seine fut la plus grande, la plus chère occupation du jeune homme entre

1872 et 1880, une véritable passion, impérieuse, exigeante, qui renoue avec l'enfance passée sur l'eau en compagnie des camarades, pêcheurs et marins. Et qui trouve son écho dans une attirance beaucoup plus large, celle de toute une époque, pour l'eau dans sa réalité mouvante, insaisissable, et pour certains sports de plein air, natation et canotage. Maupassant, comme beaucoup d'autres jeunes gens dans ces années qui suivent la guerre, déserte la capitale sans attendre le repos du dimanche, couche en banlieue chaque fois qu'il le peut pour canoter. Il se lève très tôt, bien avant l'aube, lave le bateau et part sur la rivière. Le bagne commence après, quand il rejoint son ministère.

Pour l'heure, il s'abandonne à la poésie des bords de Seine, quelque part entre Asnières et Maisons-Laffitte. Cette poésie, il la retrouve encore le samedi et le dimanche, « jours sacro-saints du canotage », Flaubert dixit. Et de peindre dans *Deux Amis* l'île Marante, à l'automne, *quand le ciel ensanglanté par le soleil couchant, [jette] dans l'eau des figures de nuages écarlates, [empourpre] le fleuve entier, [enflamme] l'horizon (...) et [dore] les arbres roussis*. De se laisser envahir par *une quiétude douce, un rafraîchissement bienfaisant à respirer enfin un air plus pur qui n'avait point balayé la fumée noire des usines ou les miasmes des dépotoirs*. Là, c'est Bezons, où il loue une chambre à l'auberge du Poulain, et passe toutes ses soirées libres. La banlieue est encore préservée, on peut y trouver refuge, y rêver au sein d'une nature intacte dont la contemplation procure des étonnements, comme quand, *au milieu des grandes herbes fines*, apparaît *derrière un saule, un feuillet d'album japonais* : le martin-pêcheur fuyant *comme une flamme bleue*. Le ton devient lyrique, le narrateur s'épanche et trahit son émerveillement face au spectacle toujours changeant, selon la lumière et les heures, de cette poésie naturelle. Dans *Mouche*, il se remémore, nostalgique, ses souvenirs de canotier :

Comme d'autres ont des souvenirs de nuits tendres, j'ai des souvenirs de levers de soleil dans les brumes matinales, flottantes, errantes vapeurs, blanches comme des mortes avant l'aurore, puis, au premier rayon glissant sur les prairies, illuminées de rose à ravir le cœur; et j'ai des souvenirs de lune argentant l'eau frémissante et courante, d'une lueur qui faisait fleurir tous les rêves. Évocation plus que description, cette page ressemble aux toiles impressionnistes, par cette attention portée aux jeux changeants de la lumière, par le choix du sujet aussi, cher à Monet ou à Renoir, d'une matière souple et fuyante, que l'on se propose de capter dans ce qu'elle a de plus insaisissable.

En même temps, s'affirme le goût de l'exploit physique : il lui arrive souvent de porter des amis dans sa yole qu'il conduit à la seule force de ses bras; c'est même dans ces conditions qu'un jour il descend avec deux passagers la Seine, de Paris à Rouen. Il fait des armes, ressemblant en cela à son personnage Jean de Servigny dans *Yvette, un de ces minces Parisiens en qui le gymnase, l'escrime, les douches et l'étuve ont mis une force nerveuse et factice.* Mais chez lui la force n'est rien moins que *factice* : il peut courir de très longues distances sans en paraître éprouvé, — ce sont d'ailleurs ces qualités athlétiques qui lui ont valu de ne pas trop souffrir de la débâcle lorsqu'il était soldat. Un de ses amis, Léon Fontaine, qu'il a connu à Étretat et qui fait partie de la joyeuse bande des canotiers, raconte qu'il fut porté en triomphe à la foire de Sartrouville, en 1882, pour avoir jeté à terre un forain, lutteur de son état et véritable Hercule : Guy, sans doute las de ses boniments, et désireux de faire étalage d'une puissance musculaire peu commune et dont il s'enorgueillissait, s'élance sur l'estrade, renverse et immobilise au sol son adversaire qui n'en peut mais. Tous les témoignages concordent. Zola, dans *Une campagne*, évoque « le beau gars, bien pris dans sa taille, vigoureux, la moustache fournie et frisée, la chevelure épaisse, le regard fixe, à la fois observateur et vague, le front carré». Tancrède Martel décrit Maupassant comme un gars solidement bâti, au «nez petit et sensuel», et qui a «du biceps, de l'esprit, de l'entrain». Flaubert parle d'un «taureau breton», et Henri Roujon d'un «rustique fouetté par les brises : Il ne rêvait que courses au grand air, sport et dimanches de canotage. (...) Il buvait sec, mangeait comme quatre et dormait d'un somme : le reste à l'avenant». Finalement, le canotier, plutôt qu'à Jean de Servigny, ressemble à Léon Saval, moins la taille. Comme lui, il fait se retourner les femmes dans les rues, comme lui il semble *[pécher] un peu par excès de tout*, par excès d'appétits... Peu comprirent que l'homme cachait une blessure secrète, son mal et sa névrose, sous une santé éclatante de colosse.

C'est dans cette ivresse trompeuse de santé et de force que filent les beaux jours, au rythme effréné des parties de canotage, des repas pantagruéliques et des aventures faciles, sans lendemain. On mange chez Poulain, à Bezons, ou chez Fournaise, à Chatou. C'est là que Renoir commence *Le Déjeuner des canotiers*, sur le balcon de l'auberge au bord de l'eau, dans le tumulte et les cris d'une foule bigarrée : grands gaillards en maillot, — c'est l'uniforme du canotier, blanc, ou rayé blanc et bleu, celui que porte Maupassant —, femmes en toilettes claires, aux ombrelles de soie rouge, verte, jaune ou bleue qui resplendissent au soleil, *pareilles à des fleurs étranges, à des fleurs qui nageraient.* Il y a aussi la Grenouillère. Située à la hauteur de Chatou, sur la Seine, entre l'île de Chatou et la rive droite du fleuve, cette guinguette flottante attire les citadins qui s'y pressent les dimanches et les jours de fête, pour s'étourdir dans les vertiges de la danse, des mazurkas ou du cancan. Si dans les toiles de Renoir, le milieu des canotiers tremble et

Léon Saval : personnage de la nouvelle *Yvette.*

miroite de cette lumière qui estompe les contours nets des figures et des objets et les fond dans une même pâte vibrante et colorée, Maupassant projette sur ce même univers une vision du monde bien différente, imprégnée d'un pessimisme sans aucune complaisance. Hommes et femmes se valent dans ce monde où s'épanouissent, triomphants, le vice et la corruption. Les individus semblent figés à l'intérieur des catégories immuables dans lesquelles, louches et tristes figures, ils se rangent une fois pour toutes : les filles faciles et provocantes étalent leurs charmes excessifs, — *seins démesurément rebondis, croupe exagérée. [S]anglées en des robes extravagantes*, elles *traîn[en]t sur les frais gazons le mauvais goût criard de leurs toilettes*. Elles côtoient dans des frôlements et attouchements obscènes des *brutes* vulgaires qu'une malhonnêteté, voire un crime, n'effraie pas. Portrait-charge ? On s'en doute. On aura noté au passage l'accumulation et la surenchère des termes dépréciatifs dans des énumérations qui paraissent ne jamais devoir se clore, comme si le narrateur, et peut-être l'auteur avec lui étaient incapables de contenir plus longtemps leur dégoût et leur révolte face à ce détestable échantillon d'humanité. Les êtres fragiles et pleins d'une innocence que les roués prennent pour de l'hypocrisie (*Yvette*) ne peuvent qu'être irrémédiablement blessés, voire détruits (Paul dans *La Femme de Paul*) au contact d'un monde où l'indifférence et l'égoïsme sont érigés en loi.

Guy se laisse emporter dans cette fièvre de plaisirs. Il éprouve, comme son narrateur dans *Une partie de campagne*, de ces désirs subits pour les jolies filles qu'il rencontre. Des désirs qui, s'ils restent insatisfaits, *vous laisse[nt] jusqu'à la nuit une inquiétude vague et un soulèvement des sens*. Les portraits de femmes, lorsque celles-ci s'éloignent de la vulgarité coutumière en ces lieux, imprègnent tous ces textes largement inspirés par le souvenir, d'une sensualité et d'un érotisme diffus qui s'étendent au monde environnant, en particulier à la nature. Jeune fille à la balançoire : *Sa robe dessinait nettement les plénitudes fermes de sa chair qu'accentuaient encore les efforts des reins qu'elle faisait pour s'enlever. Ses bras tendus tenaient les cordes au-dessus de sa tête, de sorte que sa poitrine se dressait, sans une secousse, à chaque impulsion qu'elle donnait. (...) et l'escarpolette peu à peu se lançait, montrant à chaque retour ses jambes fines jusqu'au genou, et jetant à la figure des deux hommes, qui la regardaient en riant, l'air de ses jupes, plus capiteux que les vapeurs du vin.* Elle s'offre ensuite à l'amour dans un asile de verdure caché au regard et presque inaccessible. La nature est le témoin du désir, elle y prend part (le chant du rossignol transporte l'héroïne dans un état proche de l'extase) et s'associe, dans sa langueur, aux abandons des deux amants : *Une brise molle glissa, soulevant un murmure de feuilles, et dans la profondeur des branches passaient deux soupirs ardents qui se mêlaient au chant du rossignol et au souffle léger du bois.* Les bateaux eux-mêmes reçoivent des noms de femmes et deviennent des *grandes filles minces, en leur longueur étroite et reluisante*, et donnent envie de glisser sur l'eau. Maupassant possède d'ailleurs le sien, une yole baptisée *La Feuille de rose.*

Cinq, ils sont cinq. Les inséparables. Ils se sont donné des surnoms. Maupassant, dit « Joseph Prunier », est le maître incontesté, en raison de son entrain, de sa musculature et de ce goût pour la farce « hénaurme » où il excelle. Léon Fontaine, ancien du lycée Corneille, est devenu *Petit Bleu* ; c'est *un petit très malin*, mais il ne s'embarrasse d'aucun scrupule. Il y a *Tomahawk* (Henri Brainne), que la nouvelle intitulée *Mouche* décrit comme *un grand, à l'air sauvage, avec des yeux gris et des cheveux noirs. N'a-qu'un-œil* est *mince*, *élégant*, *très soigné*, il porte un monocle : c'est Albert de Joinville (alias Hadji, en raison des initiales de son nom : A.D.J.). Nous le retrouvons bien plus tard dans les chemins de fer, à un poste important qui contraste singulièrement avec une jeunesse quelque peu débridée. Enfin, toujours coiffé de la toque de soie noire qui lui vaut le surnom de *La Tôque*, l'ami de toujours, avec qui l'auteur reviendra sur les lieux de son enfance : Robert Pinchon. Lui aussi devient un monsieur très sérieux, un fonctionnaire zélé de la bibliothèque de Rouen qui collabore en tant que critique dramatique et musical au *Journal de Rouen* et qui écrit à ses heures perdues des pièces de théâtre toujours refusées. C'est un garçon *spirituel et paresseux, (...), le seul qui ne touchât jamais une rame sous prétexte qu'il ferait chavirer le bateau.* Voilà l'équipage au grand complet, affublé de surnoms qui disent assez la volonté de faire bande, de se singulariser. Même Argenteuil n'échappe pas au baptême, et se métamorphose en *Aspergopolis*, comme l'exige la production locale. Et Mouche, alors ?

On ne saura peut-être jamais quelle femme se cache derrière ce nom, pas plus que, dans la nouvelle, les personnages ne connaissent les raisons de ce choix étrange qui assimile la jeune barreuse à cet insecte ailé. La question : *« Pourquoi t'appelle-t-on Mouche ? »* revient d'ailleurs comme un leitmotiv et les réponses données par la *petite créature fluette, vive, sautillante, blagueuse et pleine de drôlerie* sont tout à fait extravagantes. C'est du moins ce que dit le texte, même si, malheureusement, il ne les cite pas. Elle est la compagne idéale pour ces cinq canotiers qui rêvent d'une femme à leur bord, parce que *ça tient l'esprit et le cœur en éveil, parce que ça anime, ça amuse, ça distrait, ça pimente et ça fait décor avec une ombrelle rouge glissant sur les berges vertes.* Elle n'est même pas jolie, mais elle les séduit par son bavardage, ses propos imprévisibles, et ses talents de *canotière.* Mais bientôt elle en vient à les troubler, cède aux avances de chacun. Ils finissent par l'aimer pour une seule raison, eux qui l'appréciaient pour mille. Où s'arrête la réalité, où commence la fiction ? Elle tombe enceinte, et les cinq copains décident alors d'adopter l'enfant, à l'unanimité. Dès lors, *la pauvre petite* donne libre cours à son imagination, fait de son fils à naître un marin, un empereur, un savant, un aéronaute. Mais les rêves s'effondrent quand, à la suite d'une chute au débarquement du bateau, son ventre ayant heurté de plein fouet l'angle du quai, elle est prise de souffrances atroces : *on la délivr[e] d'un enfant mort*. Pour la consoler, N'a-qu'un-œil lui promet qu'ils lui *en feron[t] un autre*. La vie sur l'eau réserve ainsi bien des surprises, constituant comme un envers au décor ministériel qui étouffe et emprisonne. Révolte du noble et de l'artiste contre le bourgeois, ce philistin. Le groupe des cinq saccage allégrement les valeurs traditionnelles, ainsi qu'en témoigne une autre invention, extrêmement scabreuse celle-là : la Société des Crépitiens.

Maupassant avait rencontré le dieu *Crépitus* chez Flaubert, dans le manuscrit de *La Tentation de saint Antoine* : ce petit Éole, mais d'un genre particulier puisqu'il préside à certains vents corporels, inspire l'idée d'une Union, effectivement créée en août 1873, et appelée ultérieurement *Société des maquereaux*. Selon Edmond de Goncourt, c'était « une maçonnique société de canotiers férocement obscènes, dont Maupassant s'était fait le président ». Une lettre-pastiche, écrite dans la langue de Rabelais, permet de donner le ton de cet esprit « crépitien » : le *Maistre Joseph Prunier, canotier ès eaux de Bezons et lieux circonvoisins* s'y adresse au *très honoré « Petit Bleu » Roquetaillade*. Il décrit une scène de banquet *pantagruélisqu[e]* qui met à bas le camarade La Tôque, — les joyeux lurons ont tout de même bu *2591 bouteilles de vin d'Argenteuil !* —, et n'omet pas de rapporter ses propres exploits en un style épique et peu châtié : *Et fit Prunier, ce jour-là, moultes choses, tant esto-*

nantes, merveilleuses et superlatives prouesses ès navigation, assavoir remorqua de Bezons jusqu'à Argenteuil une tant espouvantablement grand nauf velifère que cuyda [un si grand bateau à voiles qu'il faillit] *laisser peau des mains sur avirons (deux belles putains estaient dans cette nauf velifère).* Mais Edmond de Goncourt parle aussi de férocité, et il y en a, dans la série des épreuves que l'impétrant doit traverser s'il veut être admis au sein de la fameuse société. Il doit pour cela endurer, entre autres, le supplice du pal. Coïncidence fâcheuse, un camarade du Ministère meurt peu après son intronisation, d'aucuns disent des suites de celle-ci, ce qui est faux sans doute. Il n'en reste pas moins vrai qu'en manière d'oraison funèbre Guy écrit un texte odieux, qui souille la mémoire du mort déjà ridiculisé par un surnom franchement vulgaire et désobligeant : il proclame haut et fort qu'il veut intenter un procès à la famille parce que, visiblement, ses amis Crépitiens et lui-même ont été trompés sur la *qualité* du jeune homme, rond-de-cuir trop petit et chétif : *Mort, mort, mort; que ce mot si court est insondable et terrible; mort, c.-à-d., nous ne le verrons plus, mort. Sans blague, il est mort, mort. Notre « Moule à bite » n'est plus.*

Couik.

Kouik.

Couique.

Couiq.

A-t-il fait couiq, au moins ?

La « plaisanterie » n'est pas du meilleur goût. Elle témoigne d'une orientation morbide de la sensibilité, en même temps que d'une exacerbation de la révolte contre les conventions et les valeurs, quelles qu'elles soient. Ces tendances, profondes chez Maupassant, voire obsessionnelles, se traduisent dans la vie par une sexualité débridée et compulsive, dans l'œuvre par une série de poèmes érotiques.

Il y eut aussi une pièce de théâtre, écrite en collaboration avec Robert Pinchon (La Tôque), et intitulée *A la feuille de rose, maison turque*. Le titre est doublement licencieux puisqu'il allie à l'évocation de la « rose », — le terme désigne le sexe de la femme —, le souvenir de la fin de *L'Éducation sentimentale* dans lequel les deux personnages de Flaubert, Frédéric et Deslauriers, évoquent *Zoraïde Turc*, tenancière d'une maison de plaisirs, au bord de l'eau, à Nogent. Hommage au Maître, qui assiste aux deux représentations, en 1875 et en 1877, qui dirige les répétitions assisté de Tourgueniev, et qui formule sur cette pochade plutôt leste un jugement inattendu : ne trouve-t-il pas le spectacle rafraîchissant? Qu'on en juge. Tout d'abord, l'argument : deux jeunes mariés prennent pension dans une maison de tolérance, en croyant qu'il s'agit d'un hôtel. Ils rencontrent, d'ailleurs avec plaisir, des personnages qui leur font vivre des expériences érotiques variées. Les rôles féminins sont tenus par des hommes, Petit Bleu en mariée et Guy en fille de joie. Quant à Pinchon, il apparaît à plusieurs reprises, comme vidangeur, mais aussi comme bossu habité d'une spectaculaire frénésie; on le loue beaucoup également pour ses interprétations de l'Anglais et du Marseillais, dont il contrefait les accents à la perfection. La première représentation a lieu en avril 1875, dans l'atelier de Maurice Leloir, quai Voltaire. C'est ce dernier, peintre, qui a conçu les costumes, les accessoires (!) et les décors. La carte d'invitation donne le ton de cette farce, puisque ne sont admis que les *hommes au-dessus de vingt ans*, les *femmes préalablement déflorées*; la *loge royale*, elle, est réservée à *l'ombre du grand marquis*, le divin Sade. C'est tout dire. Flaubert, qui avait donné à lire le manuscrit de la pièce à la princesse Mathilde, eut toutes les peines du monde à la dissuader d'assister à la représentation. En mai 1877, chez le peintre Becker où la pièce fut jouée la deuxième fois, quelques femmes masquées font partie du public, au demeurant fort restreint. L'actrice Suzanne Lagier n'attend pas la fin, et s'enfuit scandalisée, tandis que la demi-mondaine Valtesse de La Bigne esquisse un sourire contraint. Zola semble gêné, il arbore un air grave qui peut surprendre chez l'auteur de *Nana* et de *La Faute de l'abbé Mouret*. En revanche, Tourgueniev, Flaubert et Gustave (le père de Guy, qui assiste à cette seconde représentation) ne boudent pas leur plaisir, et applaudissent à cette *pièce absolument lubrique*, ainsi que la définit son auteur dans une lettre de mars 1875 adressée à Laure. Les faux seins fabriqués à l'aide de blagues à tabac et les bourrelets de porte en guise de phallus témoignaient d'un goût très spécial.

Maupassant répondait à qui lui demandait où il en était de sa création littéraire qu'il apprenait son métier. Il l'a appris, en effet, et sous la férule de ce maître exigeant qui, depuis la mort de Bouilhet en 1869, surveille et dirige toutes les expériences littéraires de son jeune protégé. Flaubert était ému, nous l'avons dit, de la ressemblance physique étonnante entre Guy et Alfred Le Poittevin, le cher ami disparu. A cela s'ajoute le souvenir des moments passés en compagnie de l'adolescent et de Louis Bouilhet, à Croisset ou à Rouen. Guy est ainsi étroitement associé à la mémoire de ces deux hommes auxquels Flaubert voua une profonde affection. Un goût commun de la mystification, des farces, les rapproche encore : Flaubert est séduit par la personnalité du jeune homme, et une amitié naît ainsi, que le temps ne dément pas. Jusqu'à sa mort, le Maître reste fidèle à la promesse qu'il a faite à Laure de s'occuper de Guy et de lui faciliter l'accès des salons littéraires, non seulement par respect pour la parole donnée, mais aussi parce qu'il est lié à Guy, en dépit des trente ans qui les séparent, d'une de ces solides affections viriles qui évoquent celle d'un père pour son fils. D'ailleurs, lorsque le romancier de Croisset recommande Guy à l'éditeur Charpentier, ou plus exactement à sa femme, pour qu'elle persuade son mari de publier les poèmes du jeune auteur, il n'hésite pas à présenter celui-ci comme son « disciple » et « fils », la filiation spirituelle se substituant à la filiation biologique. Adoption réciproque en quelque sorte.

Flaubert semble inquiet, au début, de ce qu'il perçoit chez le jeune homme de tendance à la nonchalance, voire à la paresse. Il confie à la mère, dans une lettre de février 1873 : *Je crois notre garçon un peu flâneur et médiocrement âpre au travail. Je voudrais lui voir entreprendre une œuvre de longue haleine, fût-elle détestable.* Il est certain que, dans une certaine mesure, la poésie représente une solution de facilité pour un garçon comme Guy. Tout d'abord parce qu'elle est chez lui plus spontanée. De plus, la brièveté du poème offre le double avantage de répondre rapidement à cet impérieux besoin d'être publié et connu contre quoi Flaubert l'a toujours mis en garde, et de lui épargner, du moins le croit-il, les efforts de composition qu'exigerait un travail à plus long terme et de grande envergure. Aussi, durant ces années d'apprentissage, Flaubert ne cesse-t-il d'exhorter au travail et à une meilleure hygiène de vie un jeune homme qui se plaint du peu de loisir que lui laissent les heures de bureau, mais qui dans le même temps dissipe sa vie, et sa santé, en plaisirs inutiles. L'art est un sacerdoce, tout doit lui être sacrifié : « Trop de putains ! trop de canotage ! trop d'exercice ! oui, Monsieur ! Le civilisé n'a pas tant besoin de locomotion que prétendent messieurs les médecins. Vous êtes né pour faire des vers, faites-en ! "Tout le reste est vain", à commencer par vos plaisirs et votre santé... D'ailleurs votre santé se trouvera bien de suivre votre vocation. Cette remarque est d'une philosophie ou plutôt d'une hygiène profonde... De cinq heures du soir à dix heures du matin tout votre temps peut être consacré à la Muse (...) La vie doit être considérée par [l'artiste] comme un moyen, rien de plus » (lettre de Flaubert à Maupassant du 15 juillet 1878). Le jeune homme n'a pas vraiment suivi ces conseils, il a plutôt essayé de tout mener de front, labeur et plaisirs, sans ménager l'extraordinaire vitalité dont il disposait, au risque de l'épuiser, irrémédiablement.

L'apprenti s'abandonne à cette discipline rigoureuse, effectue les besognes les plus ingrates en même temps que flatteuses, puisque le Maître l'associe à sa propre création. Ainsi, il rédige pour Flaubert, qui travaille alors à *Bouvard et Pécuchet*, un itinéraire d'Antifer à Étretat, puis de Fécamp à Senneville, en s'abstenant, comme il le dit lui-même dans une lettre du 3 novembre 1877, de *toute description imagée* pour que Flaubert puisse *voir plus nettement* le paysage qu'il va donner pour cadre de leur promenade à ses deux personnages. Il développe, conformément aux principes du Maître, son sens de l'observation, et un goût maniaque du détail vrai qui particularise l'objet perçu en le distinguant de tous les objets analogues. Il n'a jamais renié cette règle, nécessité absolue de l'art, réaliste tout au moins. En 1885, — Flaubert est mort depuis cinq ans —, il affirme à nouveau le credo flaubertien : *Celui qui m'étonnera en me parlant d'un caillou, d'un tronc d'arbre, d'un rat, d'une vieille chaise, sera certes, sur la voie de l'art, et apte, plus tard, aux grands sujets*. On songe, dans *Boule de suif*, à la description de cette *armée de pigeons blancs, rengorgés dans leurs plumes épaisses, avec un œil rose, taché, au milieu, d'un point noir, se promen[ant] gravement entre les jambes des six chevaux* : application parfaite de la doctrine, l'apprenti étant à cette date (1880) devenu maître à son tour, et salué comme tel par Flaubert. Mais avant d'en arriver là, il a dû trimer, amender sans répit les textes, poèmes, pièces ou nouvelles, que Flaubert corrige comme s'ils étaient les devoirs d'un écolier, pourchassant les épithètes inutiles, les pronoms relatifs, et la répétition fâcheuse d'un rythme identique dans deux phrases qui se suivent. A Guy qui se plaint d'être obligé de recourir sans cesse aux mêmes figures de rhétorique, aux mêmes tournures de phrase, Flaubert rétorque, imperturbable et ironique : « Cherchez et vous trouverez ».

Le travail du jeune écrivain s'oriente dans une triple direction : la poésie, le théâtre et la nouvelle. Les poèmes, il les signe d'un pseudonyme, Joseph Prunier, Maufrigneuse ou, plus fréquemment, Guy de Valmont. Ce dernier nom rassemble deux aspects essentiels de sa sensibilité, l'attachement au pays normand, puisque « Valmont » est le nom d'un chef-lieu de canton, non loin de Fécamp, et le goût pour le XVIIIe siècle libertin : après Sade, — c'est le visiteur invisible convié au spectacle *A la feuille de rose* —, Laclos et le héros des *Liaisons dangereuses*. Sur les conseils de Flaubert, Guy se lance dans la composition de nouvelles en vers, pièces plus longues qui demandent davantage de maîtrise. C'est ainsi qu'en 1876 paraît *Au bord de l'eau*. Ce poème raconte les amours du poète et d'une lavandière impudique ; il s'achève sur l'évocation de l'acte charnel. Deux ans plus tard, *La Vénus rustique*, dont Flaubert était fort satisfait, met en scène une enfant trouvée, dont la beauté affole tous les *hommes du pays* : ils *seraient morts pour lui plaire*. Le poème dit la force du désir, et même son ambivalence destructrice, puisque l'héroïne finit assassinée par un berger dément.

Après de rapides essais du côté du théâtre où le jeune écrivain connaît d'ailleurs quelques succès, Maupassant se tourne vers la nouvelle sans savoir encore que dans ce genre il pourra donner toute la mesure de son talent. Les sujets qu'il aborde sont largement inspirés par la vie qu'il mène et les gens qu'il côtoie. C'est ainsi qu'il songe à regrouper dans un même recueil, pour en assurer la cohérence thématique, des textes ayant tous un rapport avec ses aventures de canotier. Il souhaite aussi évoquer les *[g]randes [m]isères des petites gens*, — c'est le titre d'un second recueil —, en puisant dans son expérience de flâneur et de fonctionnaire parisien les anecdotes les plus significatives. Ces deux projets ne verront pas le jour, et les récits ayant trait à ces deux thèmes, il préférera les intégrer dans des ensembles d'une homogénéité moins marquée, moins systématique. Alors qu'il ne se plaint jamais d'une faillite de son inspiration poétique, il craint, quand il s'agit de textes courts en prose et narratifs, que les sujets ne viennent à manquer. Au point d'écrire à sa mère : *Essaie de me trouver des sujets de nouvelles. Dans le jour, au ministère, je pourrais y travailler un peu. Car mes pièces me prennent toutes mes soirées, et j'essaierai de les faire passer dans un journal quelconque* (lettre du 30 octobre 1875). Effectivement, deux nouvelles sont publiées pendant cette période : la fascination pour cette horrible main que lui a donnée Swinburne dicte la fantasmagorie de *La Main d'écorché* (1875), où le malheureux acquéreur d'une main aux *ongles jaunes*, à la *peau parcheminée* est victime, chez lui, d'un attentat par strangulation. Il faut dire, aussi, que cette main *était celle d'un célèbre criminel supplicié en 1736* pour avoir tué sa femme, un curé, et quelque vingt moines, et transformé en *sérail* un couvent de religieuses ! Quant au *Donneur d'eau bénite* (1877), il exploite un thème cher à l'auteur : un enfant volé, puis adopté, retrouve son père. De nombreux récits témoignent de cette obsession de la paternité, comme si Maupassant variait à l'infini les données inchangées de sa propre histoire : un père mal-aimé, mal aimant, figure insignifiante et dérisoire en regard du Père rêvé, choisi, symbolique (Flaubert). Cependant, c'est *Boule de suif* qui devait asseoir définitivement la réputation de son auteur.

Grâce à Flaubert, Maupassant se lie avec des écrivains tels que Tourgueniev, Daudet, Zola. Ce dernier organisait chez lui, rue Saint-Georges (aujourd'hui rue des Apennins) puis rue de Boulogne, des réunions littéraires qui se tenaient chaque jeudi et où se retrouvaient ceux que les journalistes appelèrent bientôt ironiquement « Messieurs Zola » ou encore « la queue de Zola ». Ainsi nommés parce qu'ils faisaient figure de suiveurs endoctrinés par les théories naturalistes, ils eurent l'idée de publier en commun avec l'auteur de *L'Assommoir* un recueil de nouvelles sur un sujet d'une actualité encore brûlante, la guerre de 1870. C'est ainsi que naquirent *Les Soirées de Médan*.

Boule de suif, la collaboration de Maupassant au recueil, est de loin la meilleure nouvelle. Personne ne s'y trompe d'ailleurs : Zola et les autres saluent Maupassant comme un maître, avec beaucoup d'émotion. Et Flaubert lui-même, à qui son disciple n'a parlé que très vaguement de ce projet d'un ouvrage collectif — à tel point que trois mois avant la mise en vente des *Soirées* (avril 1880) il ignore encore jusqu'au nom des autres collaborateurs —, de laisser éclater sa joie et sa fierté après la lecture des premiers placards d'imprimerie : « Il me tarde de vous dire que je considère *Boule de suif* comme *un chef-d'œuvre*. Oui, jeune homme, ni plus ni moins, cela est d'un maître. C'est bien original de conception, entièrement bien compris et d'un excellent style. Le paysage et les personnages se voient et la psychologie est forte (...). Ce petit conte *restera*, soyez-en sûr. Quelles belles binettes que celles de vos bourgeois ! Pas un n'est raté. Cornudet est immense et vrai ! La religieuse couturée de petite vérole, parfaite, et le comte : "ma chère enfant", et la fin ! La pauvre fille qui pleure pendant que l'autre chante *La Marseillaise*, sublime. J'ai envie de te bécoter pendant un quart d'heure! Non, vraiment, je suis content. Je me suis amusé et j'admire!» Flaubert ne pouvait qu'être séduit par cette histoire, qui met au premier plan une malheureuse héroïne, Élisabeth Rousset (*Boule de suif*), victime de l'hypocrisie et de l'ingratitude des bourgeois auxquels elle a pourtant rendu service au mépris du respect qu'elle se doit. On connaît le sujet de la nouvelle. En 1870, Rouen est occupé par les Prussiens. Une diligence quitte la ville à destination de Dieppe. A son bord, des gens «comme il faut», et Boule de suif, jeune femme facile, jolie et bien en chair, d'où son surnom. Le voyage est rendu difficile à cause de la neige. On arrive péniblement au relais de Tôtes, à la nuit tombante. Un officier allemand s'y est installé. Il convoite la jeune femme. Aussi s'oppose-t-il au départ des voyageurs tant que Boule de suif n'aura pas cédé à ses avances. Tout le monde s'indigne, mais on finit par se lasser d'être ainsi retenu en pleine campagne alors qu'on est attendu à Dieppe pour régler des affaires urgentes. On persuade donc la jeune femme de vaincre sa répugnance. Quand, l'interdiction ayant été levée, on peut enfin repartir, on se détourne avec mépris de celle qui s'est sacrifiée.

La nouvelle eut un succès mérité, c'est effectivement un chef-d'œuvre, et d'autant plus considérable que les autres récits, médiocres, lui ont servi de faire-valoir. Maupassant se montre d'ailleurs très lucide en dressant le bilan de ces *Soirées*. Il n'a d'indulgence que pour Hennique, à qui il reproche néanmoins des *confusions* par endroits. Mais pour ce qui est des autres... Paul Alexis manque d'originalité, Céard est *lourd*, Huysmans rend une copie bâclée, sans style et sans *composition*. Zola lui-même n'est pas épargné, qui reste dans ce texte très en dessous de lui-même, n'ayant pas su lui donner ce souffle si caractéristique de sa manière et de son génie. Bref, c'est bien, mais *ce sujet aurait pu être traité de la même façon et aussi bien par Mme Sand ou Daudet* ! Guy, formé par Flaubert, l'unique Maître, et conforté par l'enthousiasme dont celui-ci fait preuve, ne peut douter de la valeur de sa nouvelle. La sévérité qu'il manifeste à l'égard des autres histoires témoigne en outre d'un désir d'en finir avec les amalgames journalistiques qui font de lui un simple disciple de Zola au même titre, ni plus ni moins, que ses camarades. En l'occurrence, le « disciple » surpasse le « maître » de Médan. Il s'impose dans un genre qu'il a jusqu'alors peu pratiqué et qui deviendra sa voie. Mais il ne le sait pas encore, même s'il le pressent confusément : il est toujours difficile de renoncer à une image de soi. Or, cette image, c'est celle de l'écrivain-poète. Le recueil *Des vers*, qui regroupe des poèmes écrits après 1875 et choisis en grande partie par Flaubert, paraît en même temps que la nouvelle, ce qui n'est pas pour déplaire à l'auteur, en cela clairvoyant : le succès de *Boule de suif* rejaillissait ainsi sur le recueil. Cependant, les deux réussites ne sont nullement comparables. *Des vers*, contrairement à ce que peut dire Flaubert, pour une fois mauvais juge, ne se hisse pas à la hauteur des meilleures pièces parnassiennes ; il ne recueille d'ailleurs qu'un succès d'estime, conventionnel, un peu guindé. Il est vrai que le poète n'avait pas encore trouvé cet « air de la chanson », comme dira Proust, qui fait que l'on reconnaît entre mille une page de Hugo, de Baudelaire ou de Verlaine. Il ne le trouvera guère, d'ailleurs, du moins pas dans le genre poétique où il s'était depuis toujours exercé par inclination naturelle. Le succès fait réfléchir. Guy se dirige alors vers la nouvelle, plus conforme à son talent, sans abandonner l'idée de se lancer dans l'entreprise de « longue haleine » que constitue un premier roman.

Qui donc est Maupassant en 1880 ? L'apprenti écrivain est passé maître à son tour ; il reçoit la consécration de ses confrères, des maîtres plus âgés (Zola, Flaubert surtout), et du public. Lancé dans la carrière des lettres, il va pouvoir quitter le monde étriqué du ministère et se consacrer à son œuvre. Certains doutent encore. Il faudra les convaincre, et montrer que derrière l'apparence de « robuste bourgeois campagnard » (selon le mot de Jules Lemaitre, qui confesse avoir eu des préjugés stupides sur les artistes et leur physique, Maupassant ne correspondant en rien à ce qu'on pouvait attendre à l'époque d'un écrivain) se cache un artiste authentique, avec sa propre vision du monde qui lui permet d'analyser les êtres et les choses de manière profondément vraie et originale. Mais le Maupassant de 1880, c'est aussi un être blessé, qui se réfugie dans les plaisirs parce qu'il ne croit pas à la femme, c'est aussi ce « taureau triste » qui dissimule sous une force peu commune les indices d'un déséquilibre physique et nerveux, les troubles qui iront en s'aggravant et finiront par l'emporter au terme d'une longue et douloureuse mise à mort.

4

Mort de Flaubert — Une vie *(1883)* *Séjours à « La Guillette » — Voyages*

MAUPASSANT accède grâce à *Boule de suif* à la maturité littéraire. C'est à ce moment que Flaubert disparaît : il aura eu le temps de voir son disciple enfin parvenir à la pleine possession de son talent, il aura salué ses débuts au théâtre, apprécié ses poèmes et surtout son premier chef-d'œuvre. Le 8 mai 1880, Guy reçoit chez l'aubergiste Poulain le télégramme annonçant le décès. Il se met aussitôt en route pour Croisset, en proie à une douleur d'autant plus vive que rien, les semaines précédentes, n'a laissé prévoir une telle fin. Flaubert et lui ont échangé comme à leur habitude une correspondance abondante dans laquelle le romancier s'inquiète du recueil de poèmes et des *Soirées*, demandant à Guy de lui envoyer tous les articles de critique sur *Boule de suif* comme s'il s'agissait d'un de ses propres ouvrages. Guy ne peut songer qu'avec amertume au roman que le Maître laisse inachevé (*Bouvard et Pécuchet*). Il songe aux projets de son ami, à ses vœux pour l'année 1880, formulés de cette façon si particulière à leurs relations, mélange curieux d'obscénité et d'intimité tendre : « Que 1880 vous soit léger, mon très aimé disciple. Avant tout plus de battements de cœur... Les souhaits relatifs aux organes génitaux ne viennent qu'en dernier lieu, la nature pourvoyant d'elle-même. » Avec Flaubert, c'est tout un monde qui s'écroule : Guy est désormais livré à lui-même. Il arrive à Croisset avant tous les autres, désirant être seul pour rendre au mort le dernier hommage. Il l'habille, brosse sa moustache et le coiffe, il ferme ses yeux. Il s'occupe de certains faire-part, priant instamment quelques écrivains célèbres, tels Zola, Goncourt ou Taine, d'assister aux obsèques. Taine ne viendra pas, Hugo non plus. Ni même Maxime du Camp, pourtant grand ami de l'écrivain. En revanche, l'avant-garde littéraire est là, au complet. Ultime hommage des disciples. Le cortège, ce mardi 11 mai 1880, chemine lentement jusqu'à l'église paroissiale de Canteleu et se traîne interminablement, après le service funèbre, vers le cimetière de Rouen. Suprême ironie, le soleil est resplendissant, le lieu sent bon l'aubépine...

Guy est bouleversé. Il confie à la nièce de l'écrivain, Caroline que pourtant il n'apprécie pas beaucoup, le désarroi dans lequel le plonge la disparition du Maître, parlant de *l'inutilité de vivre*, de *la stérilité de tout effort* et de *la hideuse monotonie des événements et des choses*. Mais, comme s'il se voulait la continuation vivante de l'ami défunt, il reprend à son compte cet absolu de l'Art qui assimile l'écrivain au servant humble d'une religion à laquelle tout doit être sacrifié. Il se lance à corps perdu dans le travail. Certes, à la différence de son aîné, les préoccupations d'ordre matériel ne sont pas négligeables : Guy veut s'enrichir, parvenir au faîte de la réussite et de la fortune, en poursuivant sur sa lancée une carrière d'auteur à succès. Mais l'appât du gain qui donne accès au luxe tant convoité ne peut expliquer à lui seul l'extraordinaire activité que Maupassant déploya pendant dix ans, de 1880 à 1890, pour produire une œuvre dont la pensée l'obsédait, peut-être par crainte, faute de temps, de ne pouvoir l'amener à son terme d'achèvement et de perfection. Pendant dix ans, la vie et l'œuvre coïncident. Peu d'événements jalonnent cette période presque entièrement consacrée à la création littéraire : six romans, seize recueils de nouvelles, trois livres d'impressions de voyages, ce qui représente en moyenne trois ouvrages par an (il y en eut quatre en 1884 et cinq en 1885 !) et un labeur acharné. Rue Clauzel, puis rue Dulong dans un appartement plus agréable, rue Montchanin enfin où il vit au rez-de-chaussée d'un hôtel que son cousin, le peintre Louis Le Poittevin, a fait construire, il aligne chaque jour ses six pages, travaillant de préférence le matin de sept heures à midi. Il ne se couche jamais qu'il n'ait noté tout ce qui a piqué sa curiosité et suscité son attention lors de la journée écoulée. C'est une métamorphose inattendue : du jour au lendemain, il donne tort à tous ceux qui ne voyaient en lui que le canotier herculéen ou l'amant magnifique toujours prêt à raconter ses prouesses d'alcôve. Même ceux qui ont cru en lui s'étonnent, comme en témoignent ces propos d'Henry Céard parus en 1888 dans la *Revue illustrée* : « Comment ce littérateur à l'écriture concentrée et au travail un peu peinant se gouvernerait-il au milieu des nécessités de la copie au jour le jour ? L'expérience était curieuse et le phénomène fut extraordinaire. Soudainement, l'activité, jadis purement musculaire, de M. de Maupassant se transforma en activité littéraire et, ramenées à son encrier, toutes les forces autrefois dépensées en exercices corporels firent de l'écrivain pénible et embarrassé des heures du début, un écrivain souple, facile et d'une fécondité que la comparaison avec le passé rendait incontestable. »

Flaubert avait dit : « Je maintiens que *Boule de suif* est un chef-d'œuvre. Tâche d'en faire une douzaine comme ça et tu seras un homme ! » Guy voulut suivre ce conseil, sans concession aucune, rejoignant encore en cela son illustre aîné, aux attentes du public, à la morale bourgeoise, ou aux conformismes installés. En 1878, déjà, il déclare dans une lettre adressée à sa mère : *(...) je ne désire qu'une chose, c'est de n'avoir pas de goût, parce que tous les grands hommes n'en ont pas, et en inventent un nouveau.* De cette exigence naît *La Maison Tellier*, nouvelle qui donne son titre au premier recueil, paru en 1881. On lui raconte qu'un établissement de plaisirs, situé rue des Cordeliers à Rouen, a été fermé plusieurs jours « pour cause de première communion ». Attiré par le caractère insolite de cette association de la prostitution et de la religion, il décide d'en faire la base même d'une nouvelle, contre l'avis de ses camarades, qui refusent de le prendre au sérieux ou jugent le pari impossible. Il s'attelle pourtant à la tâche pendant plusieurs mois (il travaille encore à la rédaction de la nouvelle pendant son voyage en Algérie à l'automne 1881), avec la crainte que cette *Maison Tellier* ne soit trop *raide*, trop *audacieuse*. Il en est pourtant satisfait, estimant le résultat au moins égal, sinon supérieur à *Boule de suif*. Ce premier ensemble de nouvelles est essentiel, dans la mesure où il contient virtuellement toute l'œuvre. En effet, la nouvelle-titre annonce les études de « filles », *Le Papa de Simon* aborde le thème, récurrent chez Maupassant, de la paternité ; quant à la nouvelle intitulée *Sur l'eau*, elle témoigne d'un goût morbide pour l'étrange et le macabre, puisqu'elle raconte l'histoire d'un pêcheur obligé de passer la nuit dans sa barque sur la Seine et qui se laisse aller à des *imaginations fantastiques* : il croit que des êtres surnaturels nagent autour de l'embarcation pour l'entraîner au fond des eaux noires. Au petit matin, aidé par un pêcheur dont il a demandé le secours, il découvre le cadavre d'une vieille femme pris dans l'ancre de sa barque. Ces nouvelles permettent de situer les grandes orientations de l'inspiration, qui puise aux deux sources du réalisme et du fantastique. Les études de mœurs sont largement dictées par l'expérience personnelle (observation de milieux divers : employés des ministères, femmes faciles, voire vénales, canotiers...). Quant à l'attrait du surnaturel, il semble plonger assez loin dans l'enfance ou l'adolescence. Le mythe familial rapporte que le grand-père maternel de Guy, Paul Le Poittevin, a dormi dans une chambre hantée par un mouton noir dont les paroles résonnèrent comme une prophétie : « Tant que toi et tes descendants conserverez ce domaine [La vavassorerie de Gonneville], la chance persistera pour vous ! » Et puis, il y eut Swinburne, et la main d'écorché... En somme, *La Maison Tellier* reflète assez exactement la vie de l'écrivain entre 1876 et 1880. C'est un véritable triomphe de librairie : 12 éditions se suivent en deux ans.

En 1882, *Mademoiselle Fifi* remporte un succès similaire. Publié chez Kistemaeckers, à Bruxelles, avant d'être repris par Havard en 1884, dans une version enrichie de onze nouvelles, l'ouvrage est épuisé en quelques jours. Ce n'est qu'à partir de 1889 que la production de l'écrivain se fait plus irrégulière et moins abondante, comme si les sujets venaient à s'épuiser. Cette crainte, nous l'avons déjà rencontrée quand Guy demande anxieusement à sa mère de lui fournir des thèmes, des anecdotes pour ses futures nouvelles. Elle semble bien peu fondée, et pourtant, à la fin de sa vie, l'auteur pourrait dire tout comme son personnage de *Fort comme la mort*, Olivier Bertin : *(...) voilà que, tout à coup, le monde des sujets entrevus s'est dépeuplé, mon investigation est devenue impuissante et stérile.* Mais pour l'heure, le jeune auteur est habité d'une inspiration peu commune qui ne lui laisse aucun répit. Parallèlement à *Mademoiselle Fifi*, il retravaille son premier roman, dont il avait confié le projet dès 1877 à Flaubert. Mais *Une vie* (publié en 1883) n'avait pu voir le jour, la gestation de l'œuvre ayant été extrêmement difficile, peut-être en raison de l'ampleur de ce premier travail « de longue haleine ». En 1879, Maupassant est même désespéré, car il a l'impression de s'éloigner irrémédiablement de cette œuvre, à laquelle il est pourtant relié comme par un *cordon ombilical*. Ce qui lui permet néanmoins de mener à bien ce travail, c'est sans doute cette assurance acquise grâce à l'ascèse de l'écriture. Mais pas seulement : des nouvelles antérieures, telles *Le Saut du berger*, *Le Lit* ou *La Veillée*, préparent le roman en fournissant quelques-uns des épisodes clés, ainsi que certains des personnages, tel celui de l'abbé fanatique qui piétine la chienne en gésine. Le livre fut mal compris : il déconcerta les critiques par son caractère étrange — c'est un roman sur rien — et s'il connut néanmoins un vif succès, ce dernier doit être imputé à l'aura de scandale dont la publication fut entourée. On peut lire dans *La Jeune France* du 1er mai 1883 ces quelques vers :

> « Cet effronté de Maupassant
> Révolte la pudeur des gares...
> Le danger pour les voyageurs
> Ce n'est pas que le train dévie.
> Quel est, demandez-vous, songeurs,
> Le danger pour les voyageurs ?
> C'est qu'il leur monte des rougeurs
> Au front en lisant : *Une vie*. »

Guy ne peut qu'être encore une fois conforté dans son mépris pour les censeurs et les hypocrites. Même s'il refuse toute assimilation à une école, à une doctrine, il fait sien le principe naturaliste selon lequel l'artiste a le droit de tout dire, plaçant la vérité au-dessus des bienséances. La France tolère la prostitution, dont elle refuse pourtant de parler. *La Maison Tellier*, qu'à cela ne tienne, oblige les bien-pensants à voir cette réalité déplaisante en face, et accueille en littérature celles à qui la société donne une place, mais en fermant les yeux, tout en la leur refusant par le mépris et l'opprobre dont elle les entoure. *Une vie*, pareillement, évoque des sujets tabous : la bâtardise, les filles mères, la nuit de noces, souvent catastrophique en raison de la brutale maladresse du jeune homme et de la peur panique de la mariée. Si les critiques boudent l'œuvre — Edmond de Goncourt, mais ses propos sont dictés par sa jalousie, dénigre le roman en quelques formules fielleuses dont il a le secret — le public, en revanche, se rue littéralement sur le roman : vingt-cinq mille exemplaires sont vendus en huit mois. La célébrité est désormais assurée de façon durable.

Maupassant connaît désormais des jours prospères. Le revenu que lui assure la vente de ses ouvrages lui procure une aisance confortable. Belle revanche pour l'ex-employé de ministère qui comptait sou à sou recettes et dépenses de son maigre budget. Il vit assez peu à Paris, préférant passer l'hiver auprès de sa mère, au bord de la Méditerranée. L'été, nostalgique de son enfance, il retourne à Étretat, mais pas aux *Verguies*. Sa mère lui a donné un terrain sur la route de Criquetot, assez loin de la mer, et il y a fait bâtir une petite maison au crépi jaune, qu'on voit se dresser entre un verger et un potager. La propriété est plantée de hêtres, de frênes et de peupliers blancs. Joignant l'utile à l'agréable, l'écrivain transformé en fermier jardinier produit ses fruits et légumes, ainsi que ses volailles, mais n'oublie pas l'aire de jeux (terrain de croquet, et plus tard, tennis) ni le stand de tir. Dans la propriété s'ébattent en liberté la chatte Piroli, le chien Pif, et Jacquot le perroquet, qui salue son maître d'un retentissant « Cocassant » et les visiteuses par un surprenant « Bonjour, petite cochonne » ! Il y a même un singe, Châli, non moins désagréable que celui de Swinburne : il fallut s'en débarrasser.

Dans la cour — c'était la mode — on trouve un bateau de pêche retourné, une caloge, qui sert de maison au valet de chambre, François Tassart, entré au service de l'auteur en 1883. La première nuit, François dort fort mal, tant il a l'impression d'être enfermé dans un cercueil flottant sur des vagues houleuses. La maison du maître est une sorte de chalet rustique comportant deux ailes que relie un balcon couvert de vigne vierge et formant terrasse sur toute la façade. A l'intérieur s'entassent quantité de bibelots et de meubles hétéroclites, les saints sculptés voisinent avec les faïences rouennaises ; il y a même un porte-parapluies en forme de botte. La cheminée représente Amphitrite, et les portes du cabinet de travail sont ornées de paysages peints par Louis Le Poittevin, panneaux étranges où figurent une bande de corbeaux et un feu dans des broussailles.

C'est dans cette retraite que Guy trouve le repos et le calme nécessaires à la maturation de son œuvre. Beaucoup de pages y ont été écrites. Le 26 octobre 1884, il annonce joyeusement à François qu'il vient de terminer son roman, *Bel-Ami*, dont il espère qu'il plaira à ceux qui, à l'instar de Flaubert, lui demandent une œuvre conséquente, les nouvelles et les contes brefs les laissant sur leur faim. Il compose également dans ce havre de paix la majeure partie de *Pierre et Jean* et l'importante *Préface* qui l'accompagne. Mais, reprenant contact avec le pays de son enfance si plein de souvenirs et d'émotions intenses, il ne vit pas seulement en écrivain : il retrouve son attrait pour la mer et ses attaches campagnardes.

La propriété d'Étretat s'appelle *La Guillette*. Un instant, Maupassant songe à la baptiser *La Maison Tellier*, par provocation — toujours choquer le bourgeois —, par reconnaissance aussi pour le recueil dont la vente lui permet justement de s'installer au pays de son enfance. Mais, soucieux de préserver son intimité dans une région qui attirait à la suite d'artistes célèbres tels qu'Offenbach ou Alphonse Karr — ce dernier avait lancé Étretat vers 1850 — un flot de plus en plus nombreux de touristes et lecteurs potentiels d'une œuvre largement célèbre, il renonce à ce choix. Il opte pour un diminutif affectueux qui dit assez son rêve d'intériorité douillette (*La Guillette*, c'est la maison de Guy, elle en est comme le double féminin), se ralliant ainsi à la proposition d'Hermine Lecomte du Noüy, une amie très chère, qui vit non loin de là dans sa villa *La Bicoque*. Quand il ne peut trouver le sommeil, en proie à une anxiété dont les premiers signes se sont manifestés très tôt et s'amplifient avec les années, il se rend chez elle et trouve le réconfort d'une amitié tendre et dévouée. Ils devisent tranquillement, elle devient sa lectrice en ces temps d'insomnie, mais aussi quand les troubles oculaires dont il est affligé par intermittence, depuis l'époque des canotiers, le font par trop souffrir : elle lui lit ainsi toute une série de correspondances du XVIIIe siècle, celles de Mme d'Épinay, de Mlle de Lespinasse, sans oublier les lettres de Diderot à Mlle Volland.

Il ne vit d'ailleurs pas en ermite. Tout le pays le connaît, il est, comme dans son enfance et son adolescence, et peut-être encore davantage maintenant qu'il est célèbre, celui que l'on aime et que l'on respecte, même si dans ses contes il n'hésite pas à brosser un tableau féroce de la Normandie et des Normands. Il est apprécié des enfants qu'il croise dans ses promenades, et à qui il donne quelques sous, en cela plus généreux que sa mère dont la réputation d'avarice est bien établie à Étretat. Il n'est pas insensible aux charmes de la belle Ernestine Aubourg, à la quarantaine rusée et rieuse : elle dirige l'hôtel de Paris, sur la route qui mène à Saint-Jouin. Cette femme, dont *le front et le nez superbes, le front droit, tout comme un front de statue, le nez continuant la ligne droite qui part des cheveux, rappellent les Vénus* bien que le visage soit plutôt un Rubens, eut quelque complaisance pour Guy, comme beaucoup d'autres. L'écrivain n'est donc pas tout à fait seul, d'autant qu'il reçoit de nombreuses visites dans sa propriété. Il donne des réceptions, des fêtes, évitant toujours de parler de son métier et de son œuvre. Aux conversations littéraires, il préfère les potins du pays. Il n'a pas non plus perdu le goût des farces. Ainsi, celle du « Crime de Montmartre ». Le 18 août 1889, les invités affluent à *La Guillette* ; il en est venu de Fécamp, de Dieppe, ou des châteaux voisins. François Tassart raconte dans ses *Souvenirs* que « Monsieur, aidé de quelques intimes initiés, organisa une danse monstre dans la prairie ». Guy « tenait une dame de chaque main, il s'en donnait à cœur joie, il se trémoussait et entraînait ses danseuses ». Puis on enchaîne avec le « jeu de la bascule que des pompiers amateurs exécutaient sur la mare, où l'un d'eux tomba et s'immergea à fond ». Enfin « ce fut *Le Crime de Montmartre*, scène "vécue" devant laquelle tout le monde défila. Ce crime était représenté dans le fond d'un couloir où régnait un demi-jour propice à la chose... Le tableau avait été brossé en trompe-l'œil par le peintre Marius Michel. Un sergent de ville a pendu sa femme par les pieds, et, pris d'une curiosité malsaine, il lui pratique une section dans le ventre, *voulant voir des choses qu'il ne comprenait pas*. Le sang coule à flots, du vrai sang. Comme couteau, le stylet de mon maître [c'est François qui parle] est fiché dans la plaie. L'effet est saisissant, surprenant de réalité. Aussi plusieurs de ces dames sont-elles impressionnées, et se cachent les yeux pour ne plus voir.

« Tout à coup, dans un groupe, on désigne l'assassin. Tout le public, aidé des pompiers, procède à l'arrestation du criminel, qu'on conduit immédiatement en prison. Au bout d'un certain temps, le prisonnier, roublard, met le feu à sa prison et profite de la stupeur générale pour s'enfuir.

Des pompiers font leur office, s'emparent de leurs lances et se mettent en devoir d'éteindre l'incendie. Mais, plus ils jettent d'eau, et mieux cela brûle. C'est que cette prison est toute construite de bois et de paille et a été arrosée de pétrole. Dans les allées qui entourent l'incendie, tout le monde prend un réel plaisir à voir monter ces belles flammes, ce que constatent messieurs les pompiers, et, tout à coup, ils dirigent leurs lances sur des groupes de dames et laissent la prison se consumer à son aise. Des cris partent de tous côtés, un sauve-qui-peut se produit. Mon maître est obligé de nous envoyer pour faire cesser le jeu. Avec quelques serviettes, le mal est vite réparé. » C'était là, entre parenthèses, une reconstitution, avec la charge en plus, du genre qu'exploita plus tard avec succès le Grand Guignol. Encore une farce « hénaurme », comme disait Flaubert, mais il n'est pas sûr qu'elle ait suffi à susciter chez Guy une gaieté durable. Il est loin le temps des copains.

Cependant, la géographie maupassantienne s'enrichit d'horizons différents. Guy découvre la Provence et la Corse. C'est une révélation. La nouvelle intitulée *Les Sœurs Rondoli* témoigne de l'éblouissement de la rencontre. Le Midi prend corps au-delà d'une certaine ligne de partage, d'un certain seuil presque magique : on entre alors dans un monde autre, qui s'offre dans l'exubérance un peu agressive de ses bruits, de ses couleurs et de ses saveurs. Le *cri continu des cigales*, qui *semble la voix de la terre chaude, le chant de la Provence*, jette *dans la figure, dans la poitrine, dans l'âme la gaie sensation du Midi, la saveur du sol brûlé, de la patrie pierreuse et claire de l'olivier trapu au feuillage vert-de-gris*. Paradis végétal, *royaume des parfums* mêlés, — roses éclatantes, roses-femmes *en lourde et brillante toilette* —, dont la senteur *semble sucrer ce qu'on respire, en faire une friandise pour l'odorat*. Il faut désormais compter avec la Méditerranée. Elle s'intègre dans un imaginaire déjà peuplé de falaises, d'architectures rocheuses monumentales, elle trouve sa place naturellement, sans effort, comme si l'auteur avait depuis longtemps la nostalgie de cette nouvelle patrie avant même de la connaître et d'y être initié : *La grande côte aux rochers bruns s'étend baignée par la Méditerranée immobile. Le pesant soleil d'été tombe en nappe de feu sur les montagnes, sur les longues berges de sable, sur la mer d'un bleu dur et figé. Le train va toujours, entre dans les tunnels pour traverser les caps, glisse sur les ondulations des collines, passe au-dessus de l'eau sur des corniches droites comme des murs; et une douce, une vague odeur salée, une odeur d'algues qui sèchent se mêle parfois à la grande et troublante odeur des fleurs.*

En 1880, Guy avait rejoint sa mère en Corse, à Vico. Laure était malade, et voulait sentir auprès d'elle la présence réconfortante de son fils. Une fois rétablie, elle suivit Guy, de septembre à octobre, dans son exploration de l'île (Ajaccio, Piana, monastère de Corbara...). A Piana, Maupassant est fasciné par les « calanches », géantes roches rouge et rose qui dessinent comme une forêt de fantastiques figures *rongées par le temps, par la pluie, par les vents, par l'écume salée de la mer*. Le surgissement de la Corse dans les lointains devient même un des lieux privilégiés de l'écriture, un passage obligé de l'œuvre. L'île apparaît brusquement, tel un *fantôme surgi de la mer (Le Bonheur)*; elle laisse deviner dans la naissance du jour une masse confuse de *nuages singuliers, pointus, déchiquetés* qui deviennent bientôt *une grande ligne de montagnes cornues et bizarres* voilées d'une brume légère (*Une vie*). L'auteur voit en elle un univers encore proche de l'origine, coupé du monde et de l'Histoire, et sa vision d'« ethnologue » reste fortement marquée par ce mythe de la terre vierge et sauvage : ivresse des commencements... *Figurez-vous un monde encore en chaos, une tempête de montagnes que séparent des ravins étroits où roulent des torrents; pas une plaine, mais d'immenses vagues de granit et de géantes ondulations de terre couvertes de maquis ou de hautes forêts de châtaigniers et de pins. C'est un sol vierge, inculte, désert, bien que parfois on aperçoive un village, pareil à un tas de rochers au sommet d'un mont. Point de culture, aucune industrie, aucun art. On ne rencontre jamais un morceau de bois travaillé, un bout de pierre sculptée, jamais le souvenir du goût enfantin ou raffiné des ancêtres pour les choses gracieuses et belles* (*Le Bonheur*). Définie comme l'envers du monde civilisé dont l'Italie reste le modèle parce qu'elle symbolise la puissance créatrice de l'art, la Corse, en dépit de tous ses manques, incarne pour Guy l'instinct des races violentes en même temps que naïves et généreuses.

Les séjours de Maupassant dans le Midi sont d'autant plus fréquents que sa mère s'y est installée. Elle eut plusieurs domiciles successifs (à Nice, villa des *Ravenelles*, puis villa *Monge*) dont son fils, avec la générosité dont il ne se départit jamais une fois la richesse et la célébrité atteintes, payait les loyers. En décembre 1884, elle est gravement malade. Il la rejoint à Cannes, villa *Mon Plaisir*. On le retrouve désormais souvent dans cette ville, ou à Antibes. Le besoin de voyager s'affirme, de plus en plus impérieux. Certes, l'attrait de l'exotisme joue un grand rôle dans cet appel des lointains, et le héros de *Pierre et Jean* recherche les pays où règnent des rois de légende et de belles filles voluptueuses et hâlées. Mais, comme son état de santé s'aggrave, que les troubles nerveux se multiplient, le voyage permet l'oubli de soi et des autres, dans une quête où il s'agit de se perdre pour échapper aux démons intérieurs. Cette fièvre de mouvement, nous en trouvons la trace dès 1881, avant le départ pour l'Afrique : *On se sent écrasé sous le sentiment de l'éternelle misère de tout, de l'impuissance humaine et de la monotonie des actions... Tout logis qu'on habite longtemps devient prison ! Oh ! fuir, partir ! fuir les lieux connus, les hommes, les mouvements pareils aux mêmes heures, et les mêmes pensées surtout ! Quand on est las, las à pleurer du matin au soir, las à ne plus avoir la force de se lever pour boire un verre d'eau, las des visages amis vus trop souvent et devenus irritants,... il faut partir, entrer dans une vie nouvelle et changeante. Le voyage est une espèce de porte par où l'on sort de la réalité comme pour pénétrer dans une réalité inexplorée qui semble un rêve.* Ces lignes extraites du premier livre de voyage intitulé *Au Soleil*, paru en 1883 dans *La Revue bleue* et un an plus tard en librairie, traduisent un dégoût de la société et de soi qui pousse à chercher dans un « ailleurs » une issue, même factice, au malaise existentiel.

Tout d'abord l'Algérie, en 1881. Bou-Amama, marabout de la tribu des Ouled-Sidi-Cheikh, défrayait alors la chronique, depuis que, deux ans plus tôt, il s'était rebellé contre la France. En 1881, il fomente des troubles au sud d'Oran, dressant les tribus nomades contre la domination française et les colons expropriateurs. Guy part pour l'Algérie mystérieuse, en tant que correspondant du *Gaulois*. Le voilà embarqué sur l'*Abd el-Kader*, à Marseille, pour une expédition qui dure plus de trois mois, et au cours de laquelle il est confronté à une réalité arabe qui le choque parfois. Les clichés, pour ne pas dire les préjugés racistes, vont bon train : le peuple nomade est *inculte* et *presque incapable de civilisation* ; quant aux *amours antinaturelles entre êtres du même sexe* !... Mais il est fasciné, subjugué par tant de beauté. Émerveillement devant le golfe de Bougie, encerclé de *sommets crochus, dentelés, cornus et bizarres* qui le ferment en lui donnant l'apparence d'un lac, ciel et eau se confondant dans une même transparence d'azur (*Marroca*). Et surtout, la découverte du désert : après Alger et Oran, Guy s'enfonce vers le Sud en dépit des troubles.

Désireux de voir le désert, comme attiré par *le pressentiment d'une passion qui va naître*, il accompagne durant vingt jours deux lieutenants français dans leur voyage d'exploration à travers les Zahrez, qui lui laissent l'impression inoubliable d'une nudité magnifique et étouffante faite de soleil et de sable. Petit à petit, il en vient à comprendre le sentiment d'injustice éprouvé par les indigènes, furieux d'être chassés de leurs terres et contraints d'accepter des indemnisations dérisoires. Il comprend le désespoir qui les conduit à incendier leur propre pays plutôt que de le laisser aux mains des colonisateurs. Pendant la campagne du Tonkin, en 1883, il sera tout aussi véhément, et n'hésitera pas à fustiger le gouvernement dans une chronique du *Gil Blas* intitulée *La Guerre*. Indigné, écœuré par tant de barbarie, il appelle même les peuples à se retourner contre ceux qui les arment, afin que meure la guerre, cette vaste entreprise de déshumanisation.

Dans l'été 1882, il visite la Bretagne au cours de ces flâneries à pied qui permettent seules de pénétrer l'âme d'un pays, alors que le commun des touristes, qui passe de ville en ville, se contente d'une approche superficielle. On trouve toujours chez Maupassant ce goût de l'observation, ce principe de particularisation qui, dans l'écriture comme dans la vie, donnent leur vrai relief aux êtres et aux choses. Il y eut, en 1885, un voyage en Italie et en Sicile, dont l'importance mérite qu'on s'y attarde. Guy part pour Rome avec le journaliste Georges Legrand et le peintre Gervex. Henri Amic, romancier, doit les rejoindre à Naples. Si Rome ne le séduit guère, il apprécie d'emblée la population napolitaine, haute en couleur, toujours *gesticulante* et *enfiévrée*. Il visite Herculanum, monte au Vésuve, fait l'ascension de l'Etna. En Sicile, à Palerme, il se rend villa d'Angri où Richard Wagner a composé les dernières mesures de son opéra *Parsifal*. Meilleur connaisseur en musique qu'il ne l'est en peinture, encore qu'il n'ait de la première qu'une compréhension épidermique et charnelle, à fleur de sensation pour ainsi dire, il se recueille dans l'appartement du compositeur, aspirant à pleines narines les lourds effluves d'essence de rose qui flottent encore, signes tangibles d'une présence invisible qui survit à l'absence. Il existe d'ailleurs, pour Maupassant, comme pour Baudelaire, des affinités secrètes entre « les sons et les parfums », ceux qui « tournent dans l'air » d'*Harmonie du soir*, la musique *affol[ant] les nerfs et les âmes d'une fièvre poétique et matérielle en mêlant à l'air limpide qu'on respire une onde sonore qu'on écoute* (*Fort comme la mort*). Sa deuxième grande émotion, il la rencontre au musée, dans la contemplation fascinée d'un bélier de bronze qui résume à lui seul la mâle animalité d'un monde impur et magnifique. Identification ? Sans aucun doute. La bête le renvoie à lui-même, à ce formidable appétit des désirs et de l'instinct qui le pousse vers son destin viril, admirant et aimant à Palerme ou ailleurs les Vénus mortelles, facettes multiples d'une identique réalité femelle offerte à sa concupiscence. En même temps, le bélier, c'est le danger d'un abandon aux impulsions destructrices. L'ambivalence est là, qui conduit de l'amour à la mort, d'Éros à Thanatos, dans le vertige d'une identité désirante et déchirée par le désir même. La mort, il va d'ailleurs la rencontrer dans les célèbres Catacombes des Capucins, où il erre, fasciné par tous ces cadavres momifiés et figés dans les attitudes et les vêtements des vivants. Les visages grimaçants, les corps décharnés de ces milliers d'hommes, de femmes ou d'enfants confrontent Guy à l'inéluctable vérité de toute condition humaine, celle dont il a très tôt pris conscience et qui constitue pour lui une terrible hantise. Plus amusantes, les escapades en compagnie du prince Scalea et du vicomte de Serrione, et les farces de Guy, quoique macabres dans une certaine mesure : s'exhibant comme un phénomène de foire, dans l'obscurité totale, il passe un peigne plusieurs fois dans sa chevelure électrisée, qui semble alors lancer de fulgurants éclairs. Il affirme aussi, pour épater et choquer ses compagnons, qu'il a déjà mangé de la chair humaine, gracieusement fournie par un médecin qui l'avait prélevée sur le corps d'un homme mort depuis peu à l'hôpital. De simples mystifications, encore et toujours, mais elles en disent assez sur cette zone menaçante qui, progressivement, va envahir et recouvrir la personnalité d'un voile de ténèbres.

5

Bel-Ami *(1885) — Les femmes — Hallucinations La maladie — La fin*

MAUPASSANT, même en voyage, ne parvenait pas à éloigner totalement la souffrance. Le début des *Sœurs Rondoli* témoigne d'une lassitude qui confine au dégoût de déplacements stériles, en définitive, parce qu'on retrouve ailleurs ce qu'on a laissé derrière soi. *Changer de place me paraît une action inutile et fatigante. Les nuits en chemin de fer, le sommeil secoué des wagons avec des douleurs dans la tête et des courbatures dans les membres, les réveils éreintés dans cette boîte roulante, cette sensation de crasse sur la peau, ces saletés volantes qui vous poudrent les yeux et le poil, ce parfum de charbon dont on se nourrit, ces dîners exécrables dans le courant d'air des buffets, sont, à mon avis, de détestables commencements pour une partie de plaisir.* L'hôtel même apparaît comme un lieu de cauchemar : *Je ne puis soulever le drap d'un lit d'hôtel sans un frisson de dégoût. Qu'a-t-on fait là-dedans, l'autre nuit ? Quels gens malpropres, répugnants ont dormi sur ces matelas ? Et je pense à tous les êtres affreux qu'on coudoie chaque jour, aux vilains bossus, aux chairs bourgeonnantes, aux mains noires qui font songer aux pieds et au reste. Je pense à ceux dont la rencontre vous jette au nez des odeurs écœu-*

rantes d'ail ou d'humanité. Je pense aux difformes, aux purulents, aux sueurs des malades, à toutes les laideurs et à toutes les saletés de l'homme. En somme, le voyageur est un misanthrope qui cherche l'inconnu pour découvrir avec désespoir que *tout est médiocre et vite fini*, que la Terre *est petite et sans cesse pareille.* Comme toujours chez l'auteur, il vient un moment où le positif se mue en négatif, où les signes s'inversent. Le voyage n'est pas toujours une libération, sauf quand il vogue à bord de son yacht, le *Bel-Ami*, qui remplace en 1885 la *Louisette*, bateau d'un tonnage inférieur. Il l'a appelé ainsi en hommage au roman qu'il a terminé dans sa propriété d'Étretat. Avec *Bel-Ami*, il triomphe encore par le scandale : on ne lui pardonne guère d'avoir mis en scène un héros corrompu, Georges Duroy, qui arrive par les femmes plus que par son talent personnel, et qui navigue dans un milieu journalistique interlope dont les lecteurs pouvaient croire qu'il était emblématique de la presse parisienne dans son ensemble. Quoi qu'il en soit, le bateau, dont le nom témoigne de la vocation que l'auteur s'est découverte pour le roman, apparaîtra comme un refuge, un remède contre l'ennui et le pessimisme. L'eau devient synonyme d'oubli, le yacht est sur l'eau ce que *La Guillette* représente sur la terre : un asile qui protège et permet de partir à la conquête de la liberté et du rêve. Les solitudes aquatiques sont investies d'un pouvoir de guérison. Elles permettent de plonger au plus profond de l'enfance, en rappelant les courses effectuées sur la mer normande ; elles procurent aussi l'oubli, comme au temps des canotiers où Guy ne supportait les occupations fastidieuses du Ministère que grâce à la liberté mouvante des navigations sur la Seine, à Croissy ou à Sartrouville. C'est à la mer que Pierre Roland, dans *Pierre et Jean*, demande la salvation et l'oubli d'un passé étouffant.

Permanence de l'être : Maupassant reproduit dans sa vie adulte le vagabondage de l'enfance et de l'adolescence, comme le montre d'ailleurs le choix, significatif, du titre d'un des trois recueils d'impressions de voyages, *La Vie errante* (1890). Mais il lui arrive aussi de renoncer pour un temps à cette vie de marin solitaire et de sacrifier à des mondanités que pourtant il n'aime pas. Il est sans doute soucieux de son image, de son succès, il se laisse aduler, et sa vanité n'est pas insensible aux invitations pressantes dont il est l'objet. Il reste néanmoins lucide, et promène sur le monde ou le demi-monde le même regard aigu et critique que celui de cet employé de la Marine ou de l'Instruction publique qu'on s'arracherait plus tard dans les salons. Le jugement suivant montre à quel point Maupassant est peu dupe du faux éclat des *relations mondaines* : *Tout homme qui veut garder l'intégrité de sa pensée, l'indépendance de son jugement, voir la vie, l'humanité et le monde en observateur libre, au-dessus de tout préjugé, de toute croyance préconçue et de toute religion, doit s'écarter absolument de ce qu'on appelle les relations mondaines, car la bêtise universelle est si contagieuse* [on croirait entendre Flaubert] *qu'il ne pourra fréquenter ses semblables, les voir, les écouter, sans être malgré lui entamé par leurs convictions, leurs idées et leur morale d'imbéciles.* Certes, il connaît d'autres amitiés littéraires. Il fréquente Paul Bourget, ce romancier délicat qui s'est plu à disséquer la psychologie féminine au point de lasser le cercle d'admiratrices sensibles à des charmes plus directs. Il rend visite à Taine, l'été, sur les bords du lac d'Annecy, se lie avec Alexandre Dumas fils, et hante les salons littéraires de Mme Adam et de Mme Yung. Mais il reste un peu en retrait, ou du moins, il va dans le monde avec cette réserve mentale et morale qui l'empêche de se laisser prendre à ses vains appâts. Les femmes l'attirent toujours, en particulier celles qu'on a appelées les « petites comtesses ». L'aristocratie de souche n'a pas disparu, son fief demeure, à Paris, le faubourg Saint-Germain, mais les grandes familles sont dans une certaine mesure supplantées par les nouveaux riches, ces parvenus du monde des banques et des affaires. C'est dans ce milieu qu'apparaissent les « comtesses », que Maupassant fréquente à partir de 1885. Cependant, il se lasse vite de cet univers frelaté. Il se livre encore à ces farces dont le goût lui est venu dès les années sombres d'Yvetot. Et François Tassart de raconter comment, lors d'une réception sur le *Bel-Ami*, son maître réussit à effrayer ses invitées avec une armée de souris dissimulées sous un volumineux buisson d'écrevisses d'un mètre de haut : le buisson s'effondre, les souris s'égaillent ; et piaillent les « petites comtesses » qui réclament à Bel-Ami son secours... Le valet raconte encore que Guy, lorsqu'il donnait des réceptions dans son appartement de la rue Montchanin, était littéralement assailli par une « grappe serrée » de femmes comme « électrisées » de se trouver au logis du « souteneur caraïbe », pour reprendre l'expression, au demeurant fort peu aimable, d'Edmond de Goncourt. Mais dans ce tourbillon, dans ce vertige des divertissements mondains, Guy s'ennuie, pris au piège de son image d'auteur à succès littéraires... et féminins. Il en voulut beaucoup à Jean Lorrain, au point de le provoquer en duel, pour l'allusion transparente, dans un roman intitulé *Très russe* et paru en 1886, à sa vie dissipée d'homme à femmes. Il est vrai que les termes utilisés n'étaient guère flatteurs, puisque Guy (Beaufrilan chez Lorrain) était dépeint comme « l'étalon modèle, littéraire et plastique du grand haras Flaubert, Zola et Cie, vainqueur à toutes les courses de Cythère (...), traînant tout un passé de vieilles hystériques, bas-bleus d'alcôve, éprises du beau mâle qu'il se glorifie d'être ». Le duel n'eut pas lieu, car Jean Lorrain, qui était d'ailleurs un compatriote de Guy, né à Fécamp, prétendit que son personnage, composite, résultait de l'amalgame de plusieurs personnes qu'il connaissait et qui lui avaient servi de modèles. Cette anecdote témoigne d'une blessure d'amour-propre, suscitée par le portrait venimeux d'un confrère sans doute jaloux du talent et des succès littéraires de Guy, mais cette blessure réveille nécessairement une angoisse plus profonde, existentielle, sur le sens de la vie qui se consume en faux-semblants et distractions inutiles. Une sorte de fuite en avant, qui ne peut dissimuler le vide. Guy confiait à son domestique le dégoût que lui inspiraient ces femmes du monde. Certes, elles ne manquent pas d'esprit, mais ce dernier est un mélange indigeste d'idées apprises dans les institutions religieuses où elles ont fait leurs études, ou glanées au hasard de leurs fréquentations mondaines.

Maupassant porte sur la femme un regard désabusé. Dans *Lettre trouvée sur un noyé*, nouvelle parue sous la signature « Maufrigneuse » dans le *Gil Blas* du 8 janvier 1884 avant d'être reprise dans le recueil posthume intitulé *Le Colporteur*, il fait dire à son personnage : *Je n'ai jamais aimé (...) Je crois que je juge trop les femmes pour subir beaucoup leur charme (...) Il y a dans toute créature l'être moral et l'être physique. Pour aimer, il me faudrait rencontrer entre ces deux êtres une harmonie que je n'ai jamais trouvée. Toujours l'un des deux l'emporte trop sur l'autre, tantôt le moral, tantôt le physique.* Henri Amic, dans *En regardant passer la vie*, raconte ses souvenirs littéraires, et parle de son amitié pour l'auteur. Il rapporte une conversation qu'il eut avec Guy sur les femmes. Il faut peut-être faire la part de l'exagération, mais ces lignes n'en demeurent pas moins terribles par ce qu'elles supposent de mépris, de souffrance aussi, et de quête toujours déçue d'un idéal inaccessible : « Les femmes, dont il semblait l'esclave, n'étaient pas aussi haut dans sa pensée qu'elles l'ont pu croire. Il ne fut dupe de rien ; leur passé s'éclaira jusqu'à l'éblouir. Il me les décrivit corps et âme, il me les fit connaître, il me les fit juger. Et quand je lui demandais : "Vous pouvez les aimer après avoir analysé leurs sentiments mesquins, leur âme, les vilenies de leurs mœurs ?" il répondait : Je ne les aime pas ; mais elles m'amusent. Je trouve ça très farce de leur faire croire que je suis sous le charme... et comme elles se renouvellent pour m'y maintenir ! L'une d'elles en arrive à ne plus manger, devant moi, que des pétales de roses. » Une autre arrive à Étretat pour le voir. Il a donné ordre à François de dire qu'il se trouve à Paris. La dame, désappointée, « s'effondre dans le vide », le valet n'a que le temps de la retenir pour lui éviter la chute. Elle reprend ensuite connaissance. A partir de là, on entre en plein mélodrame. Récit de Tassart, concernant cet événement de la période mai-juin 1877 : « Après s'être un peu remise, elle me prit les deux mains, elle pleurait à chaudes larmes et dans ses sanglots : "François, je vous en prie, donnez-moi M. de Maupassant, donnez-moi M. de Maupassant ou je vais mourir ! Je le veux ! Je vous dis que je le veux ! (...)" Je la calme de mon mieux, lui promettant d'aller de suite à la recherche de mon maître... Je descendis, mais personne n'avait vu Monsieur. Je revenais près de la dame quand j'entendis ouvrir la porte, c'était mon maître qui rentrait. De suite, il me dit : "Je sais, je viens arranger cela." Il était aussi calme que s'il se fût agi de la chose la plus simple du monde. »

Il fait souffrir les femmes, qui le lui rendent bien. Auprès des femmes riches et désœuvrées dont il hante les salons, il joue souvent le rôle un peu ridicule de l'amant transi. Sans doute est-il tombé amoureux de la belle Emmanuela

Potocka, fille du duc di Regina, et mariée au comte Félix-Nicolas Potocki, alors en poste à l'ambassade d'Autriche-Hongrie. Elle lui sert de modèle : c'est d'elle qu'il s'inspire pour peindre Christiane Andermatt dans *Mont-Oriol* et la baronne de Frémines dans *Notre cœur*. Cette (vraie) comtesse se laissa aimer de nombreux artistes, dont Paul Bourget qui la met en scène dans son roman *La Duchesse bleue* (1898) et l'évoque en ces termes : « Un teint de rose thé, une bouche triste au repos et tendre au sourire, des yeux bleus, pour finir la symphonie, d'un bleu pâle, pâle, pâle, avec un point noir au milieu, qui grandit quelquefois jusqu'à envahir toute la prunelle, des cheveux couleur de tabac d'Orient, et mince et souple, et jeune, et jeune... » Elle avait inventé les « dîners des Macchabées », au cours desquels chaque invité était tenu d'interpréter le rôle d'un personnage que l'amour, c'est-à-dire l'acte amoureux, avait épuisé jusqu'à en mourir ! Froide séductrice, elle entretint avec Guy une relation amoureuse, ou plutôt un long flirt sans avenir. Frank Harris rapporte dans *Ma vie et mes amours* une confidence que lui aurait faite l'auteur sur les dernières amours, les plus dangereuses selon lui. On ne sait de quelle femme il parle, peut-être s'agit-il de la mystérieuse dame en gris qui hante les *Souvenirs* de François Tassart, et responsable selon lui de l'état dépressif dans lequel était plongé son maître à la fin de sa vie. Toujours est-il que cette femme enivrante transporte l'écrivain dans un état mêlant l'extase et la souffrance dans une expérience des limites, et de la quasi-dépossession de soi : « Je suis incapable de lui résister, avoue-t-il à son ami Harris, et, ce qui est pire, incapable aussi de résister au désir de l'émerveiller ! Pendant la semaine qui suit une de nos nuits (...), je souffre comme un damné et, maintenant encore, bien qu'elle soit repartie depuis un mois, je suis la proie de malaises indicibles.

Je voudrais ne jamais la revoir (...). » Devenue une véritable obsession, le valet dirait un « vampire », elle suscite « la passion de la dompter, de la vaincre, le désir fou de parvenir avec elle au paroxysme de la volupté » ; Guy est comme subjugué, il veut se déprendre d'elle, échoue chaque fois, chaque fois « retombe dans l'abîme ». L'énigme reste entière. Pour le valet comme pour Frank Harris, il n'y a aucun doute : cette femme fatale est la dame vêtue avec chic d'un tailleur gris perle, qui semble suivre l'auteur partout, à Paris, à Divonne-les-Bains où il a villégiaturé pour une cure d'ailleurs inutile en 1891. A la date du 20 septembre 1891, Tassart écrit dans son journal : « (...) vers 2 heures de l'après-midi, le timbre électrique, dont les piles n'ont pas été renouvelées depuis plusieurs mois, sonne d'une manière traînarde. Je vais ouvrir et je me trouve en face de cette femme qui a déjà fait tant de mal à mon maître. Comme toujours, elle passe, raide, et entre dans le salon sans que son visage, qui paraît de marbre, ait fait le moindre mouvement... Je me retire dans ma chambre : un sentiment de tristesse, mêlé d'un peu de colère, me saisit. Ne devrais-je pas dire son fait à la visiteuse néfaste, lui reprocher le crime qu'elle commet de gaieté de cœur, au besoin la mettre dehors sans cérémonie ?... Mais, puisque mon maître voulait bien la recevoir, je ne pouvais que m'incliner... Je puis dire maintenant combien je regrette de ne pas avoir eu alors le courage de céder à ces impulsions d'éloigner *ce vampire* ! Mon maître vivrait encore... » Il faut bien avouer cependant que les propos du domestique témoignent bien plus d'une terreur irraisonnée face au mythe d'une féminité maléfique que de craintes objectivement fondées. Retenons que l'auteur n'a peut-être pas été aussi insensible à l'amour qu'il l'a prétendu, et que cette soif des plaisirs procurés par les femmes inscrit comme en creux le désir inverse d'un absolu toujours poursuivi et jamais atteint. De ce désir, plusieurs œuvres se font l'écho, comme, par exemple, la nouvelle intitulée *A vendre* : le héros visite une maison qu'il n'a jamais vue avec la sensation étrange de tout reconnaître, les murs, les meubles, et sur la cheminée du salon une *grande photographie de femme*. Il voit alors l'attendue de toujours, *celle (...) qu'on va voir dans la rue tout à l'heure, qu'on va trouver sur la route dans la campagne dès qu'on aperçoit une ombrelle rouge sur les blés, celle qui doit être déjà arrivée dans l'hôtel où j'entre en voyage, dans le wagon où je vais monter, dans le salon dont la porte s'ouvre devant moi*, celle qu'on connaît déjà avant de l'avoir rencontrée. Il apprend qu'elle a quitté le propriétaire de la villa mise en vente. Naît alors l'espoir insensé de retrouver cette femme au *sourire [qu'il] avai[t] deviné depuis longtemps*. La nouvelle se clôt sur le départ en quête de l'Idéale, désormais *libre, quelque part dans le monde* ! Beaucoup de sentimentalisme, décidément, pour quelqu'un qui se targue de n'avoir jamais aimé une femme et d'avoir toujours choisi ses proies comme on prend un morceau de viande à l'étal d'une boucherie. Mais c'est aussi dans la vie, et pas seulement dans l'œuvre, que se trahit un certain penchant romanesque. En mars 1884, alors qu'il se trouve à Cannes, Guy reçoit une lettre d'une jeune femme désireuse de garder l'anonymat : « Maintenant, écoutez-moi bien, je resterai toujours une inconnue (pour tout de bon) et je ne veux même pas vous voir de loin, votre tête pourrait me déplaire, qui sait ? Je sais seulement que vous êtes jeune et que vous n'êtes pas marié, deux points essentiels même dans le bleu des nuages. Mais je vous avertis que je suis charmante ; cette douce pensée vous encouragera à me répondre. » Signature : Madame R.D.G., poste restante bureau de la Madeleine. Guy a pu rêver sur l'identité de cette femme mystérieuse qui souhaitait devenir sa confidente. Il a été intrigué autant que séduit. Il engage d'ailleurs une correspondance avec cette blonde Marie Bashkirtseff qui laisse derrière elle un *Journal* dans lequel elle note ses réflexions sur Guy dont le comportement en cette affaire oscille entre la curiosité, le plaisir du badinage et l'exaspération née des conditions initiales imposées par son énigmatique correspondante. L'échange fut bref, de mars à mai 1884, et très vite l'écrivain adopte un ton un peu désinvolte :

Vous pouvez être, il est vrai, une femme jeune et charmante dont je serais heureux, un jour, de baiser les mains ?

Mais vous pouvez être aussi une vieille concierge nourrie des romans d'Eugène Sue ?

Vous pouvez être une demoiselle de compagnie lettrée et mûre et sèche comme un balai ?

Au fait, êtes-vous maigre ? Pas trop, n'est-ce pas ? Je serais désolé d'avoir une correspondante maigre. Je me méfie de tout avec les inconnues.

Êtes-vous une mondaine ? une sentimentale ? ou simplement une romanesque ? ou encore simplement une femme qui s'ennuie — et qui se distrait ?

On le sent romanesque : ne répond-il pas à cette femme dont il ignore tout, mais dont il peut espérer qu'elle réponde à un idéal rêvé ? Avec distance cependant, car le viveur épris de jouissances très concrètes reparaît bien vite sous le galant badinage, comme s'il se méfiait instinctivement de tout ce qui sort des cadres habituels d'une séduction sans conséquence. Guy est une personnalité complexe. Trop pessimiste pour croire à autre chose qu'à la réalité tangible de son plaisir, il n'en éprouve pas moins la tentation d'un absolu qui réunifierait ce que sa vie ne cesse de séparer : le corps et l'âme, le désir et l'amour. Il semblerait qu'il ait rencontré Marie. Mais la lettre dans laquelle elle confie à une amie les impressions suscitées par l'entrevue a disparu. Elle aurait dit avoir été sous le charme, en même temps qu'alarmée par la fixité du regard de l'homme dont elle était tombée amoureuse, au moins à titre épistolaire.

1884 : le mal est déjà fait. Maupassant sombre d'année en année vers sa fin tragique. La fixité du regard n'est qu'un des nombreux symptômes qui se manifestèrent très tôt, dès l'heureux temps des canotiers. En 1878, au temps de pleine vigueur et des exploits sportifs, il se plaint à Flaubert de sa fatigue, il a des accès de mélancolie dont il sort difficilement pour redevenir ce joyeux boute-en-train sympathique et serviable que tout le monde apprécie tant. Le Maître sermonne son disciple, lui interdit le surmenage, l'abus des plaisirs, et cherche à le secouer de la torpeur maussade où il semble se complaire : de l'« hygiène », voilà ce qu'il faut à ce jeune homme trop fougueux. « Vous vous plaignez du cul des femmes qui est *monotone*. Il y a un remède bien simple, c'est de ne pas vous en servir. » Et c'est aussi de consacrer sa vie à l'art. On ne peut dire que Maupassant ait accepté de suivre ces préceptes. Il multiplia les excès de toute nature : plaisirs de la chair dans une activité sexuelle débridée, canotage, et plus tard, les voyages exténuants, les croisières sur la Méditerranée, les courses dans le désert algérien et tunisien, et cette exigence de l'œuvre à produire, devenue hantise à noircir des pages et des pages en dépit de l'extrême fatigue.

Guy a souffert dès 1878 de troubles oculaires. Peu de temps avant sa mort, Flaubert lui écrit : « Ton œil te fait-il souffrir ? J'aurai dans huit jours la visite de Pouchet, qui me donnera des détails sur ta maladie, à laquelle je ne comprends pas grand-chose » (avril 1880). Ces troubles ne disparurent pas, bien au contraire : en 1880, Guy connaît une paralysie accommodative de l'œil droit, et du gauche en 1883, à tel point qu'à certaines périodes, il ne peut pas écrire, ni même lire, ainsi qu'il le confie dans une lettre à Zola : *Je suis à moitié aveugle depuis six mois, toute lecture m'est impossible, j'écris presque à tâtons.* Il fut même obligé à un certain moment de recourir aux services d'une secrétaire. Contrairement à ce qu'on a dit ou écrit, la maladie de Maupassant, ce n'est pas la folie. Il est victime de celle qu'au XIXe siècle on appelle encore la grande dissimulatrice, à savoir la syphilis, qui connut une recrudescence dans le dernier quart du siècle. Un ouvrage médical de 1886 consacré aux maladies vénériennes révèle qu'à Paris, on dénombre cinq mille à huit mille cas de vérole chaque année. Les troubles visuels sont un des signes du mal, mais ils ne furent indubitablement reconnus comme tels qu'en 1899, par Babinski, soit trois ans après la mort de Maupassant. Cela explique en partie les erreurs commises par les praticiens qui s'occupèrent de lui, plusieurs d'entre eux ayant écarté l'hypothèse de la maladie vénérienne, pour parler de rhumatisme chronique, ou, plus tard, de dyspepsie ou de neurasthénie.

Quant à Maupassant, il ne semble pas avoir ignoré la nature réelle du mal qui le rongeait. Il s'en félicite, dans une lettre à Robert Pinchon (La Tôque) : *J'ai la vérole! enfin! la vraie! pas la méprisable chaude-pisse, pas l'ecclésiastique christaline, pas les bourgeoises crêtes-de-coq, ou les légumineux choux-fleurs, non, non, la grande vérole, celle dont est mort François Ier. Et j'en suis fier, morbleu! et je méprise par-dessus tout les bourgeois. Alléluia! J'ai la vérole, par conséquent, je n'ai plus peur de l'attraper.* Lorsqu'en 1885, Maupassant revient sur les lieux de sa jeunesse, à Chatou, chez les Fournaise, il laisse une inscription en guise de légende à la tête de chien peinte sur la paroi du restaurant :

SOUS UNE GUEULE DE CHIEN
Sauve-toi de lui, s'il aboie;
Ami, prends garde au chien qui mord;
Ami, prends garde à l'eau qui noie :
Sois prudent, reste sur le bord.

Prends garde au vin d'où sort l'ivresse :
On souffre trop le lendemain...
Prends surtout garde à la caresse
Des filles qu'on trouve en chemin.

Certes, le terrain était favorable : la mère était sans doute atteinte du même mal. N'oublions pas combien le père était volage, et qu'il était sans aucun doute lui-même porteur de la maladie. La syphilis n'est pas héréditaire, mais une contamination par la mère est possible. Cependant, les médecins s'accordent en l'occurrence pour dire que Maupassant contracta la maladie beaucoup plus tard, au temps de ses frasques avec les belles canotières. Or deux facteurs contribuèrent au maintien et à l'aggravation de la maladie. Maupassant, se sachant malade, ne rompt pas pour autant avec ses habitudes. Pendant la cure à Louèche, en Suisse, où il se rend en 1877 sur une prescription du médecin Landreit de Lacharrière, il entretient une liaison avec la femme d'un pharmacien, il « souille » de sa luxure « la patrie de Guillaume Tell » (dixit Flaubert, dans une lettre à Edmond de Goncourt). Au retour, il « visite » la maison de tolérance de Vesoul. A cette inconscience du jeune homme s'ajoutent l'indécision et l'incompétence de certains médecins. On soignait le mal à l'aide du mercure. Les eaux chaudes de Louèche, riches en calcium et en magnésium, étaient réputées pour leur efficacité à titre d'adjuvant dans le traitement par le mercure. Effectivement, début 1878, Maupassant ne perd plus ses cheveux, signe que la cure n'a pas été inutile. C'est pourtant à ce moment-là que le médecin arrête le traitement, et que le diagnostic de syphilis est même infirmé : Guy ne souffrirait que d'un rhumatisme constitutionnel ! Pourtant, les symptômes continuent, sans désemparer. On conseille l'exercice et les voyages. Les cures ultérieures (Châtel-guyon, Aix, Plombières, Divonne-les-Bains) restent sans effet. Outre la paralysie des yeux, Guy souffre de migraines lancinantes, de troubles intestinaux ; il sombre dans des crises d'abattement et de désespoir. Pour fuir la douleur, il cherche un réconfort dans les paradis artificiels, recourant à la cocaïne, à la morphine, au chloroforme, dont il décrit d'ailleurs les effets dans *Yvette* : dilatation et vaporisation de l'être qui plonge dans une rêverie euphorique où resurgissent des détails oubliés de l'enfance, ivresse d'une pensée aiguë, agile, qui *sautait aux idées les plus diverses, parcourait mille aventures, vagabondait dans le passé, et s'égarait dans les événements espérés de l'avenir.* L'héroïne éprouve, alors, *à songer ainsi, un plaisir divin.* Un autre personnage, dans *Rêves*, s'adonne à l'éther, qui procure une sensation *dangereuse comme tout ce qui surexcite nos organes, mais exquise.* Le voyage commence, qui transporte aux confins d'une révélation : *Bientôt l'étrange et charmante sensation de vide que j'avais dans la poitrine s'étendit, gagna les membres qui devinrent à leur tour légers, légers comme si la chair et les os se fussent fondus et que la peau seule fût restée, la peau nécessaire pour me faire percevoir la douceur de vivre, d'être couché dans ce bien-être. Je m'aperçus alors que je ne souffrais plus. La douleur s'en était allée, fondue aussi, évaporée. Et j'entendis des voix, quatre voix, deux dialogues, sans rien comprendre des paroles. Tantôt ce n'étaient que des sons indistincts, tantôt un mot qui me parvenait. Mais je reconnus que c'étaient là simplement les bourdonnements accentués de mes oreilles. Je ne dormais pas, je veillais ; je comprenais, je sentais, je raison-*

nais avec une netteté, une profondeur, une puissance extraordinaires, et une joie d'esprit, une ivresse étrange venue de ce décuplement de mes facultés mentales.

Ce n'était pas du rêve comme avec le haschich, ce n'étaient pas les visions un peu maladives de l'opium; c'était une acuité prodigieuse de raisonnement, une nouvelle manière de voir, de juger, d'apprécier les choses de la vie, et avec la certitude, la conscience absolue que cette manière était la vraie. En quelque sorte, le personnage s'approche du Savoir suprême, celui dont parlent les Écritures : *Il me semblait que j'avais goûté à l'arbre de science.*

Le mal va pourtant son chemin, inexorable. Les hallucinations apparaissent, ou plutôt deviennent plus fréquentes, car un poème intitulé *Terreur*, et publié dans le recueil de 1880, fait déjà état d'une vision nocturne, macabre à hurler. Le poète est seul, dans sa chambre. Il éprouve une peur terrible, et le pressentiment qu'il va se passer quelque chose d'épouvantable l'étreint soudainement et le glace d'horreur :

Alors il me sembla sentir derrière moi
Quelqu'un qui se tenait debout, dont la figure
Riait d'un rire atroce, immobile et nerveux :
Et je n'entendais rien, cependant. Ô torture!
De sentir qu'il se baisse à toucher mes cheveux,
Qu'il est prêt à poser sa main sur mon épaule,
Et que je vais mourir si cette main me frôle!...

Maupassant est hanté par cet Autre, vampire maléfique et invisible du *Horla*, présence-absence d'autant plus effrayante qu'elle renvoie en dernière analyse le sujet à lui-même, dans un jeu de miroirs où il se contemple, lui et sa propre image. L'hallucination ultime, c'est l'autoscopie : Maupassant confie qu'un soir — nous sommes en 1889 — il travaille à son roman, *Notre cœur*. Le double entre dans la pièce, s'assied en face de Maupassant, et commence à lui dicter de larges passages, qu'il recopie. Ce témoignage de l'auteur est confirmé par une de ses maîtresses, Gisèle d'Estoc, qui, sans savoir si son amant est éveillé ou endormi, l'entend un soir invectiver son double haineux qui l'accuse de vol : l'écrivain, c'est l'autre lui-même, c'est le double, Maupassant n'est qu'un plagiaire! Il est certain que la folie et la disparition tragique du frère, Hervé, jouèrent leur rôle dans l'exacerbation de cette angoisse autoscopique, même si elles n'en sont pas la cause directe. Elles réactualisent, tout au plus, une crainte fort ancienne, dont on note l'émergence, dans l'écriture, dès 1880, dans le fragment du poème cité; elles renvoient l'auteur à une interrogation déstabilisante. En effet, Hervé devient fou. Dans une lettre à son père, Maupassant note : *La tête d'Hervé s'égare complètement à tout propos. Hier, il s'est mis à scier du bois au milieu du dîner; et n'a cessé qu'épuisé de fatigue.* Les crises se multiplient, sont de plus en plus terribles et dangereuses pour l'entourage. L'internement ne peut être évité. Maupassant le prend à sa charge, de la même façon qu'il a pris à sa charge, quelques années auparavant, l'installation d'Hervé dans le Midi, comme horticulteur. C'est l'asile du professeur Pierret, à Bron, près de Lyon, qui accueille le malade. Il a fallu user d'un subterfuge pour l'y conduire. On lui a fait croire qu'il allait se reposer dans la propriété d'un ami. Mais quand Hervé comprend que son frère lui a menti, il crie à la trahison, hurle que le « fou de la famille », c'est Maupassant. Celui-ci, vivement impressionné par cette scène, est bouleversé lorsque le 13 novembre 1889 Hervé meurt à l'asile, après une agonie effroyable, au cours de laquelle il appelle Maupassant avec la voix qu'il avait quand ils étaient tous deux aux *Verguies*. Le double qui hante Maupassant, n'est-il pas aussi un proche parent de ce frère trahi?

La maladie conduit Maupassant vers une paralysie générale. Elle se traduit par un délire des grandeurs — l'écrivain se fait appeler « Monsieur le marquis » — mais aussi par une manie de la persécution, bien visible dans une nouvelle comme *Qui sait?* Pour échapper à la colère de l'antiquaire au *crâne de lune* qui a ensorcelé ses meubles au point de les faire disparaître, puis revenir, tous sans exception, dans sa maison, le personnage-narrateur se réfugie dans un asile d'aliénés, et raconte sa terrible aventure en manière d'exorcisme, pour s'en libérer, et se délivrer avec elle de l'angoisse d'être poursuivi par cet homme monstrueux qu'il a dénoncé comme voleur à la police. Le personnage principal de la nouvelle affiche d'ailleurs une passion morbide pour la solitude. La seule compagnie qu'il supporte est celle de ses meubles, qu'il chérit comme des êtres humains. Le dégoût d'autrui est tel qu'il déclare : *J'aime tant être seul que je ne puis même supporter le voisinage d'autres êtres dormant sous mon toit; je ne puis habiter Paris parce que j'y agonise indéfiniment. Je meurs moralement, et suis aussi supplicié dans mon corps et dans mes nerfs par cette immense foule qui grouille, qui vit autour de moi, même quand elle dort. Ah! le sommeil des autres m'est plus pénible encore que leur parole. Et je ne peux jamais me reposer, quand je sais, quand je sens, derrière un mur, des existences interrompues par ces régulières éclipses de la raison.* Le personnage justifie cette hantise en se lançant dans une explication pseudo-scientifique tendant à prouver qu'il y aurait, sur terre, deux races distinctes d'êtres : ceux qui ont besoin des autres, et ceux que *les autres, au contraire, lassent, ennuient, gênent, courbaturent tandis que l'isolement les calme, les baigne de repos dans l'indépendance et la fantaisie de leur pensée.*

Ces *éclipses de la raison* sont des effets de la paralysie générale. Maupassant, conscient de cette lente dégradation, écrit à son ami Cazalis cette lettre déchirante, en décembre 1891 : *Je suis absolument perdu. Je suis même à l'agonie, j'ai un ramollissement du cerveau, venu des lavages que j'ai faits avec de l'eau salée dans mes fosses nasales. Il s'est produit dans le cerveau une fermentation de sel et toutes les nuits mon cerveau me coule par le nez et la bouche en une pâte gluante et salée dont j'emplis une cuvette entière. Voilà vingt nuits que je passe comme ça. C'est la mort imminente et je suis fou. Ma tête bat la campagne. Adieu, ami, vous ne me reverrez pas.* La catastrophe se produisit le 1er janvier 1892. Ce jour de l'an, Guy se rend chez sa mère, à Nice. Il passe l'après-midi avec elle, et reste le soir à dîner. Il tient des propos délirants, racontant, entre autres, qu'une pilule l'a prévenu d'un événement qui le concerne directement. Malgré l'insistance de sa mère, il repart pour Cannes, dans son chalet *L'Isère*, situé sur la route de Grasse. Il sait déjà qu'il va se suicider, préférant la mort à cette plongée dégradante dans la folie dont il observe les signes, quand il recouvre, par intermittence, sa lucidité. Comme son entourage a éloigné toutes les armes dangereuses, il se sert d'un coupe-papier de métal pour se trancher la gorge. La tentative échoue, il ne fait que se blesser d'une entaille au visage.

Il est alors nécessaire d'envisager un internement. Maupassant entre le 7 janvier dans la maison de santé du docteur Blanche, à Passy. Gérard de Nerval l'y a précédé. La folie marque une avancée inquiétante : persécutions imaginaires, dialogues avec des êtres fictifs. Un jour, il plante une branche dans le jardin pour y faire pousser des petits Maupassant.

Le « taureau triste » meurt dix-huit mois après, le 6 juillet 1893. Ses amis l'accompagnent, une dernière fois, lors de l'enterrement au cimetière Montparnasse, les amis des beaux jours et de la jeunesse enfuie. Zola prononce un éloge vibrant de l'homme et de l'écrivain qui laisse à la postérité un « éternel chant d'amour ». Peut-être songe-t-il aussi à la disparition de Flaubert, treize ans plus tôt, au vide qu'elle laissa dans le cœur du disciple. C'est un autre maître qu'on enterre aujourd'hui.

CHRONOLOGIE

1850 5 août : naissance à Fécamp de Guy de Maupassant, fils de Gustave et Laure de Maupassant (née Le Poittevin et dont la famille était intimement liée à Gustave Flaubert).

1851 Coup d'État de Louis Napoléon.

1856 Naissance en avril de son frère cadet, Hervé.

1860 Séparation des époux Maupassant, Laure aura la garde de ses enfants.

1863-1865 Maupassant entre au séminaire d'Yvetot. Il sera renvoyé pour avoir écrit des vers jugés audacieux.

1866 A Étretat, il sauve de la noyade l'écrivain anglais Swinburne.

1869 Il finit ses études au lycée de Rouen et entame une correspondance avec le poète Louis Bouilhet qui lui présente Gustave Flaubert. Bachelier en 1869, il part pour Paris commencer des études de droit.

1870 Mobilisé comme soldat de deuxième classe, il est affecté à l'intendance à Rouen pendant la guerre franco-prussienne. Il quitte l'armée en septembre 1871. L'horreur des scènes de la débâcle lui inspire de nombreux récits.

1872 Il entre au ministère de la Marine, y commence une carrière de fonctionnaire. Il fréquente assidûment les bords de la Seine : canotage et exploits sportifs l'aident à supporter l'ambiance confinée des bureaux.

1873 Il subit l'influence de Flaubert qui le guide dans ses exercices littéraires.

1875 Publication de son premier conte *La Main d'écorché*, sous le pseudonyme de Joseph Prunier. Il fréquente Tourgueniev, Mallarmé, Zola...

1877 Maupassant commence la rédaction d'*Une vie*. Il est atteint de syphilis et part en cure dans le Valais.

1879 Il entre au ministère de l'Instruction publique comme secrétaire. Il débute au théâtre avec *L'Histoire du vieux temps*. Il voyage en Bretagne et à Jersey.

1880 Paraît dans le recueil *Les Soirées de Médan* la nouvelle intitulée *Boule de suif*, qui obtient un grand succès.
Flaubert meurt le 8 mai d'une hémorragie cérébrale.
Maupassant quitte le ministère et collabore au *Gaulois*.
En septembre, il voyage en Corse avec sa mère.

1881 Maupassant entame une période d'intense activité littéraire et collabore au *Gil Blas*. Il est aussi envoyé spécial pour *Le Gaulois* en Algérie lors des soulèvements dans le Sud oranais. Il souffre déjà de névralgies du cerveau et des yeux.
Publication de *La Maison Tellier*.

CHRONOLOGIE

1882	Publication de *Mademoiselle Fifi* et de nombreux contes sous le pseudonyme de Maufrigneuse. Il voyage en Bretagne.
1883	*Une vie* paraît d'abord en feuilleton dans le *Gil Blas* puis en volume. Publication des *Contes de la bécasse.* Naît, le 27 février, à Paris, Lucien, « de père inconnu », enfant de Joséphine Litzelmann et de Guy de Maupassant.
1884-1888	Impressionnante production littéraire : contes, nouvelles, récits de voyages. *Bel-Ami* (1885), *Contes du jour et de la nuit* (1885), *Le Horla* (1886), *Mont-Oriol* (1887), *Pierre et Jean* (1888), *Sur l'eau* (1888), *Le Rosier de Mme Husson* (1888). Maupassant fréquente les salons mondains, ceux de la comtesse Potocka, de Marie Kann et de Mme Straus, séjourne en Angleterre.
1889-1890	Son frère Hervé est interné à l'asile de Bron et meurt de folie peu après. Publication de *Fort comme la mort, Notre cœur* (1889) et d'un recueil, *L'Inutile Beauté* (1890). En juillet 1890, il part en cure à Plombières, Gérardmer et Aix-les-Bains. Il commence à rédiger *L'Ame étrangère.*
1891	Aggravation de son état de santé : Maupassant souffre de paralysie et d'hallucinations. Il entame un nouveau roman, *L'Angélus*, qu'il ne pourra achever.
1892	Après avoir tenté de se suicider dans la nuit du 1er au 2 janvier, il est admis à la clinique du docteur Blanche, à Passy.
1893	Le 6 juillet, Guy de Maupassant meurt à 43 ans.

ÉTUDE DE L'ŒUVRE

LES RACINES

Au commencement figure la réalité normande, inscrite au cœur de l'écriture à titre de commémoration de l'origine. Maupassant recrée cet univers grâce aux effets de réel qui lui permettent de donner « l'illusion complète du vrai ».

RÉALITÉ NORMANDE ET RÉALITÉ PAYSANNE

La réalité normande se confond largement avec une réalité paysanne, recréée au travers des préoccupations quotidiennes et saisonnières (les récoltes de colza dans *Le Vieux*) ou des jeux et des divertissements. Ainsi, dans *Farce normande*, les amis de Jean, jeune marié et chasseur enragé, lui font croire que les braconniers profiteront de sa nuit de noces et de la pleine lune pour chasser. Ils tirent en pleine nuit des coups de feu qui suscitent la colère de Jean, au point qu'il abandonne sa femme dans la chambre nuptiale pour se lancer à la poursuite des prétendus braconniers : « On le retrouva à deux lieues de la ferme, ficelé des pieds à la tête, à moitié mort de fureur, son fusil tordu, sa culotte à l'envers, avec trois lièvres trépassés autour du cou et une pancarte sur la poitrine : "Qui va à la chasse perd sa place." »

On peut également songer au tableau réaliste qui ouvre la nouvelle intitulée *La Ficelle*, et qui dépeint la procession des paysans se dirigeant vers le bourg « un jour de marché » : « Les mâles allaient, à pas tranquilles, tout le corps en avant à chaque mouvement de leurs longues jambes torses, déformées par les rudes travaux, par la pesée sur la charrue qui fait en même temps monter l'épaule gauche et dévier la taille, par le fauchage des blés qui fait écarter les genoux pour prendre un aplomb solide, par toutes les besognes lentes et pénibles de la campagne (...). Les uns tiraient au bout d'une corde une vache, un veau. Et leurs femmes, derrière l'animal, lui fouettaient les reins d'une branche encore garnie de feuilles, pour hâter sa marche. » Dans ce passage, le narrateur utilise un lexique qui se

Anne-Xavier Leprince, marché à bestiaux à Honfleur (1823).

réfère à une réussite rustique (outils, animaux). Les notations descriptives font état des particularités anatomiques (« jambes torses », « monter l'épaule gauche et dévier la taille », « écarter les genoux »), et les expliquent en fonction des conditions pénibles du travail. Le corps paysan, profondément marqué et déformé, reflète symboliquement la rudesse de l'univers normand.

ONOMASTIQUE ET TOPONYMIE

Onomastique et toponymie sont évocatrices de cette réalité normande que l'auteur veut restituer dans ses nouvelles ou dans tel ou tel passage de ses romans (*Une vie, Bel-Ami, Pierre et Jean*). « Maître Hauchecorne » (*La Ficelle*) sent son terroir, tout comme « Théodule Sabot » (*La Confession de Théodule Sabot*). Quant aux noms de lieux, ils se réfèrent très souvent à la région cauchoise de la Seine-Maritime : Bénouville (*Miss Harriet*), Yport (*L'Ivrogne*), Criquetot-Lesneval (*La Bête à Maît' Belhomme*), Montvilliers, Bréauté, Goderville (*La Ficelle*).

COULEUR LOCALE

Il faut également mentionner l'effet de couleur locale créé par la présence dans la fiction de fragments de discours au style direct qui transcrivent le parler dialectal : ainsi l'on rencontre au fil des dialogues le « niant » (niais) et le « sapas » (malpropre et gourmand), le « quin » (chien) ou le « quetou » (porc), la « vaque » ou le « viau ». Ne sont pas oubliées les particularités morphologiques (« j'allons », « j'ons ») ou phonétiques (« éfant » pour « enfant », « cheux » pour « chez »). Ces indices dialectaux donnent l'illusion de la réalité, servent de marquage géographique et social en différenciant les personnages d'après leur manière de s'exprimer. Par exemple, dans *Aux Champs*, les propos des Vallin et des Tuvache, paysans, contrastent singulièrement avec ceux des d'Hubières : « Mais, mes amis, songez à l'avenir de votre enfant, à son bonheur » (les d'Hubières) ; « Allez-vous-en, et pi, que j'vous revoie point par ici. C'est-i permis d'vouloir prendre un éfant comme ca ! » (Mme Tuvache). Le décalage entre les deux voix permet par ailleurs de confronter des valeurs inconciliables. Pour les d'Hubières, tout peut s'acheter, y compris un être humain. Leur discours, pervers, constitue un chantage affectif (« songez à l'avenir de votre enfant ») qui renvoie paradoxalement à la mère Tuvache l'image négative d'une mauvaise mère, peu soucieuse du bonheur de son fils, alors que c'est par amour pour lui et pour préserver sa dignité qu'elle refuse catégoriquement de le vendre.

■ *En inscrivant la fiction dans une réalité existant en dehors du texte, en recourant volontiers à des toponymes ou des patronymes normands et à des termes dialectaux, Maupassant apporte une couleur locale qui donne son cachet d'authenticité à l'univers qu'il évoque. Il crée un réalisme haut en couleur et pittoresque.*

UN UNIVERS CRUEL

La réalité normande, telle qu'elle est recréée par l'auteur, apparaît dans toute sa dureté comme le fondement d'une vision du monde pessimiste et cruelle, où triomphent la cupidité, l'égoïsme et l'indifférence.

PEUR ET HAINE DE L'AUTRE

Dans cet univers de clôture sur soi, on regarde l'étranger avec une méfiance qui bien souvent se mue en haine féroce. L'étranger, c'est bien évidemment le Prussien, l'envahisseur qui vole le pain et le bétail et dont on se venge sans pitié (*La Mère Sauvage, Le Père Milon, Saint Antoine*). Mais c'est aussi, de façon métaphorique, celui qui est différent de soi, le laissé-pour-compte, le mendiant, le bâtard ou l'orphelin. Les enfants sont très cruels à l'égard de Simon parce qu'il est un enfant sans père (*Le Papa de Simon*). Le plus grand crime de Simon, c'est de n'avoir pas de nom. D'ailleurs, les bâtards et les orphelins n'ont souvent pour patronyme qu'un simple prénom (Pierre Bénédict dans *L'Abandonné* ou Georges Louis dans *Un Parricide*). La privation du nom fait d'eux, d'une manière ou d'une autre, des exclus. Simon n'est accepté par ses camarades qu'à partir du moment où il trouve un père adoptif. Quant aux mendiants, ils ne sont guère mieux lotis. Cloche, devenu infirme à la suite d'un accident survenu lorsqu'il avait quinze ans, est réduit à la mendicité. Mais les paysans se lassent vite de le nourrir. En plein mois de décembre, « on le [chasse] de partout ». Il vole une poule. Pris sur le fait, il est roué de coups par maître Chiquet et les « gens de la ferme », et conduit en prison où il meurt, le ventre vide (*Le Gueux*).

> Pierre Bénédict est deux fois exclu : à sa naissance, son père (M. d'Apreval) et sa mère (Mme de Cadour) se séparent de lui par crainte du scandale ; ils décident, quarante ans après, de le retrouver, mais quand ils voient qu'il est devenu un fermier rustre et grossier, ils ne dévoilent pas leur identité, préférant s'en aller sans se faire reconnaître. Ils réitèrent ainsi l'exclusion dont ils s'étaient à l'origine rendus coupables.

UNE MORALE DE L'INTÉRÊT

L'argent est le moteur principal des actes et des conduites. Si Rosalie Roussel épouse Jean Patu (*Farce normande*), c'est « peut-être parce qu'il lui plaisait mieux que les autres, mais plutôt encore, en Normande réfléchie, parce qu'il avait plus d'écus ». Mais il y a plus grave : dans *Aux Champs*, les Vallin acceptent de vendre leur enfant contre une rente mensuelle de cent vingt francs. Honoré Bontemps (*Le Diable*) propose un marché à la Rapet, qu'il charge, pour six francs, de garder sa mère mourante jusqu'au trépas. Or, la mère Bontemps demeure « oppressée »,

La Mère Sauvage - *Repris par* La Vie populaire, *17 juillet 1884.*

mais « impassible, l'œil ouvert et les mains crispées sur sa couverture », ce qui met la Rapet en fureur, vu qu'elle est payée au forfait et non à la journée ou à la nuit de garde : « Chaque minute écoulée lui semblait, maintenant, du temps volé, de l'argent volé. Elle avait envie, une envie folle de prendre par le cou cette vieille bourrique (...), et d'arrêter, en serrant un peu, ce petit souffle rapide qui lui volait son temps et son argent. » Alors, elle raconte que le Diable apparaît aux agonisants, en poussant de grands cris, « un balai à la main, une marmite sur la tête ». Et de se déguiser... La vieille femme meurt d'épouvante. Quand le fils rentre, « le soir venu, il trouva [la Rapet] priant, et il calcula tout de suite qu'elle gagnait encore vingt sous sur lui, car elle n'avait passé que trois jours et une nuit, ce qui faisait en tout cinq francs, au lieu de six qu'il lui devait ». Ce mépris de l'individu et de la vie humaine est courant dans l'univers normand. L'être humain est ravalé au rang de l'animal ou d'un objet et perd sa dignité. En témoigne le conte cruel de *L'Aveugle* : considéré comme une bouche inutile, l'aveugle, « fils d'un fermier normand » recueilli par une sœur à la mort de ses parents et dépossédé par le beau-frère de « sa part d'héritage », est la victime impuissante de « toutes les farces cruelles que sa cécité [peut] inspirer » : « Tantôt on lui faisait mâcher des bouchons, du bois, des feuilles ou même des ordures, qu'il ne pouvait distinguer ». Après les « plaisanteries », vient le « jeu des claques » que le malheureux ne peut rendre. Et comme cela ne suffit pas, on le contraint à mendier. Mais comme « le paysan n'est pas prodigue », l'aveugle ne rapporte rien à la famille dévorée par la haine. On se débarrasse de lui en le postant sur une route, sous la neige, en « l'y [laissant] tout le jour », en « [affirmant] (...) qu'[on] ne l'[a] plus retrouvé ». Le corps n'est retrouvé qu'au dégel, « déchiqueté » par les corbeaux.

■ *Si l'évocation de l'univers normand a autant de force, c'est parce qu'elle dépasse le cadre du documentaire sociologique, où voudrait l'enfermer la doctrine naturaliste, pour atteindre à une certaine universalité : à travers le monde normand, Maupassant ne propose-t-il pas une vision pessimiste mais lucide de l'Homme, toujours habité d'appétits égoïstes et féroces, et dont le Normand n'est jamais que l'avatar ?*

LA GUERRE

Maupassant dénonce « cette monstruosité, la guerre » et le cortège de fausses valeurs qui l'accompagnent pour masquer sa véritable nature. Triomphe de la barbarie, elle participe d'une vaste entreprise de déshumanisation.

LES « VALEURS GUERRIÈRES »

Dans la deuxième partie de *La Guerre*, chronique parue en décembre 1883 sous la signature de Maufrigneuse, Maupassant remet en question les nobles qualités que la guerre est censée exalter. Il cite les « étranges paroles » de celui qui, du côté prussien, conduisit les opérations de la guerre de 1870, et qu'il assimile à un « massacreur de génie ». Voici les propos de M. de Moltke, adressés aux « délégués de la paix » : la guerre « entretient chez les hommes tous les grands, les nobles sentiments, l'honneur, le désintéressement, la vertu, le courage, et les empêche en un mot de tomber dans le plus hideux matérialisme ! ».
Or, Maupassant énumère ensuite les exactions commises en temps de guerre et les fait suivre de la formule employée par von Moltke dans un leitmotiv où percent l'ironie et l'indignation : « La guerre arrive. En six mois, les généraux ont détruit vingt ans d'efforts, de patience, de travail et de génie. Voilà ce qu'on appelle ne pas tomber dans le plus hideux matérialisme. » Le décalage entre le refrain et ce qui l'a précédé permet de montrer que la noblesse tant vantée par M. de Moltke n'est qu'un des noms de la barbarie. On peut par ailleurs remarquer que tous les récits figurant dans le recueil collectif des *Soirées de Médan* visent à détruire l'héroïsme en tant que valeur, et dénoncent le nationalisme d'une société qui prétend légitimer un acte monstrueux au nom d'une idéologie mensongère. Mettre en avant le « courage », l'« honneur », la « vertu », c'est essayer de faire oublier l'atroce vérité de la guerre en la parant des fausses séductions du patriotisme.

LA VÉRITÉ DE LA GUERRE

La guerre est une négation de la civilisation. L'individu retourné à l'état de nature se livre sans frein à ses pulsions destructrices : « Nous avons vu les hommes redevenus des brutes, affolés, tuer par plaisir, par terreur, par bravade, par ostentation. » Pire encore, « le récit de la dernière campagne de Chine [c'est-à-dire la guerre du Tonkin menée de 1882 à 1885 pour la colonisation de l'Indochine], fait par un brave matelot qui en riait encore de plaisir » : « Il me raconta les prisonniers empalés le long des routes pour amuser le soldat ; les grimaces si drôles des suppliciés ; les massacres commandés par des officiers supérieurs, pour terroriser la contrée, les viols dans ces demeures d'Orient, devant les enfants éperdus, et les vols à pleines mains (...), le pillage régulier, fonctionnant comme un service public. » On aura noté dans ce passage la distorsion entre certains termes et le contexte dans lequel ils figurent. La présence de mots tels que « plaisir » ou « amuser » prouve s'il en était besoin que pour certains la guerre est l'occasion rêvée de donner libre cours à la passion de détruire. L'écrivain lève les masques : il n'est plus question ici d'« honneur » ou de « désintéressement ». Reste alors cette affirmation d'un pouvoir qui ne peut s'éprouver que dans la négation de l'Autre et sa nécessaire dégradation. L'accumulation des termes se référant aux sévices infligés, la structure même de ce passage qui se fonde sur une énumération dont chaque terme surenchérit sur celui qui l'a précédé, la dépendance grammaticale de tous ces termes vis-à-vis d'un verbe de parole (« raconta ») qui transforme la guerre en sujet plaisant de conversation, rendent les propos du « brave matelot » insupportables. Cette antiphrase, grinçante, détruit définitivement l'illusion de l'héroïsme, tandis que les pluriels (« les prisonniers empalés », « les massacres », « les viols ») inscrivent dans la banalité quotidienne ce qui relève de l'horreur impensable. La guerre correspond à la négation des lois et constitue une double régression : non seulement l'individu, mais encore la société tout entière sombre dans le chaos anarchique des pulsions de mort.

■ *Maupassant critique de façon très virulente la guerre et la politique colonialiste de Jules Ferry. Il n'y a guère de différence pour lui entre la passion du meurtre que connaissent les assassins de ses nouvelles et les exactions commises par les soldats. Aussi en appelle-t-il à l'insoumission, au refus de porter les armes.*

DES CANONS ET DES FUSILS

Eh bien oui, puisque les gouvernements prennent ainsi le droit de mort sur les peuples, il n'y a rien d'étonnant à ce que les peuples prennent parfois le droit de mort sur les gouvernements.

Ils se défendent. Ils ont raison. Personne n'a le droit absolu de gouverner les autres. On ne le peut faire que pour le bien de ceux qu'on dirige. Quiconque gouverne a autant le devoir d'éviter la guerre qu'un capitaine de navire a celui d'éviter le naufrage.

Quand un capitaine a perdu son bâtiment, on le juge et on le condamne, s'il est reconnu coupable de négligence ou même d'incapacité.

Pourquoi ne jugerait-on pas les gouvernants après chaque guerre déclarée ? Pourquoi ne les condamnerait-on pas s'ils étaient convaincus de fautes ou d'insuffisance ?

Du jour où les peuples comprendront cela, du jour où ils feront justice eux-mêmes des gouvernements meurtriers, du jour où ils refuseront de se laisser tuer sans raison, du jour où ils se serviront, s'il le faut, de leurs armes contre ceux qui les leur ont données pour massacrer, la guerre sera morte. Et ce jour viendra.

G. de Maupassant.

■ **L'EXPÉRIENCE VÉCUE**
L'ARTISTE
LE FANTASTIQUE
LE PESSIMISME

LA GUERRE DE 1870

Les nouvelles consacrées à la guerre de 1870 doivent être intégrées dans une problématique d'ensemble. Fortement individualisées par leur thème, elles trahissent néanmoins une hantise qui traverse l'œuvre : celle de l'Autre indésirable.

LA MENACE ÉTRANGÈRE

L'invasion allemande représente le risque d'un retour au chaos. L'étranger est placé sous le signe de la destruction et de la dévoration. L'idée de destruction est suggérée par la métaphore liquide d'une « mer débordée » : « C'étaient de grands flots d'hommes qui arrivaient les uns après les autres, jetant autour d'eux une écume de maraudeurs » (*Le Mariage du lieutenant Laré*). La dévoration, quant à elle, est évoquée à travers l'image des « sauterelles » s'abattant sur un pays et mangeant tout sur leur passage (« Ils couvraient la terre comme les sauterelles d'Afrique », voir *Un duel*). Dans le tableau de la ville occupée, au début de *Boule de suif*, les soldats sont implicitement assimilés à des animaux puisque le narrateur, à leur propos, utilise le verbe « grouiller », chargé dans ce contexte d'une connotation péjorative très forte de surnombre et de bestialité (« les soldats prussiens grouillaient dans les rues »). De plus, les Français doivent nourrir l'occupant. Ainsi, Milon est contraint d'accueillir dans sa ferme l'état-major prussien, de leur abandonner fourrage et bétail (*Le Père Milon*). Boule de suif, pour sa part, est elle-même nourriture, comme le montre le portrait que trace d'elle le narrateur : « Petite, ronde de partout, grasse à lard, avec des doigts bouffis, étranglés aux phalanges, pareils à des chapelets de courtes saucisses (...), elle restait cependant appétissante et courue, tant sa fraîcheur faisait plaisir à voir. » Elle est la friandise offerte au désir gourmand de l'officier prussien.

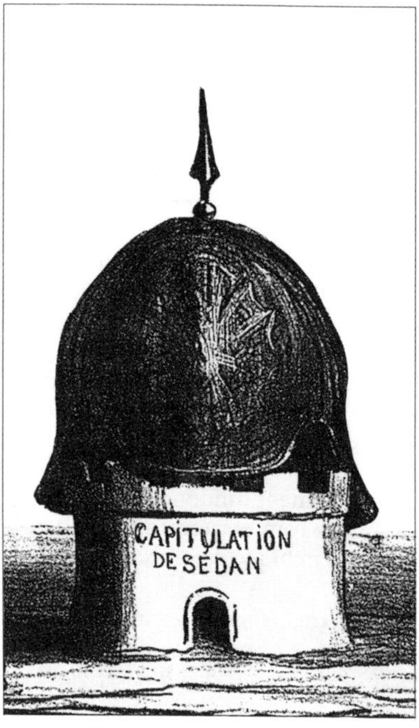

Dans Le Charivari *du 22.9.1870.*

L'Allemand incarne l'étranger indésirable et dangereux. L'armée française, impuissante, n'a pu endiguer le flot dévastateur. L'incipit de *Boule de suif* décrit les soldats en déroute (« hordes débandées », « barbe longue et sale », « uniformes en guenilles », « allure molle »). Le thème de l'invasion s'inscrit dans la problématique maupassantienne de l'Autre. L'altérité, toujours menaçante, met en péril l'intégrité d'un sujet qui, dans ce contexte guerrier, recouvre à la fois l'individu, l'armée (le port de la barbe, conséquemment la perte de la moustache est le signe de l'aliénation), mais aussi la France.

DEUX ATTITUDES FACE A L'OCCUPANT

Certains personnages défendent leur intégrité et résistent à l'occupant. Il s'agit alors d'héroïsme individuel, rarement collectif (voir cependant *Le Mariage du lieutenant Laré*). Dans *Un duel*, M. Dubuis, blessé dans son honneur, tue le Prussien qui l'a insulté. Boule de suif est vue comme une « citadelle vivante » qui refuse de « recevoir l'ennemi [l'officier prussien qui la désire] dans la place ». Le corps se fait place forte, le refus de la sexualité signifiant celui, plus global, de l'occupation. Si les personnages féminins acceptent parfois d'ouvrir la « citadelle » de leur corps, c'est pour transformer ce dernier en machine à tuer (*Le Lit 29* : Irma, violée et contaminée par les Prussiens, se donne à l'occupant pour répandre le mal dont elle est infectée) et retourner contre l'agresseur la violence dont elles, ainsi que la France, sont victimes (*Mademoiselle Fifi* : Rachel poignarde Mademoiselle Fifi, qui vient d'outrager « les femmes de France »). Cependant, les classes possédantes sont incapables de résistance véritable. Elles vont jusqu'à « désirer la venue de l'ennemi », encore préférable à l'attente angoissante. Elles payent sans protester les sommes que l'ennemi leur réclame. Tous ces bourgeois que le commerce a « émasculés » (*Boule de suif*) ont perdu leur identité. Ne songeant qu'à leur intérêt, ils pactisent avec l'ennemi, se montrent aimables, ménagent l'occupant et ne veulent en aucun cas risquer leur vie. La seule guerre qu'ils puissent mener, c'est le « blocus » de Boule de suif. Cette dernière ne veut pas se donner au Prussien qui les retient, elle et ses compagnons, dans l'auberge où ils se sont arrêtés en pensant repartir le lendemain. Fatigués d'attendre, et exaspérés par l'attitude de la jeune femme, ils tâchent de vaincre sa résistance, se comportant vis-à-vis d'elle comme les soldats étrangers sur le sol français. Ils finissent par s'assimiler à cette présence étrangère, à cet Autre menaçant qui détruit l'intégrité du sujet.

■ *La guerre de 1870 révèle donc la défaite d'un sujet qui se laisse investir par l'Autre. Du côté des vaincus comme des vainqueurs le risque reste grand de s'abandonner aux instincts de mort et de renoncer à son identité. Cependant, sur ce fond de débâcle et de chaos généralisés quelques personnages exemplaires se détachent, qui tempèrent le pessimisme de l'évocation sans parvenir à le faire totalement oublier.*

DOCUMENTS

LES SOIRÉES DE MÉDAN

Alors, la fusillade continua, de plus en plus nourrie, entre les soldats français, postés autour du moulin, et les Prussiens, cachés derrière les arbres. Les balles sifflaient au-dessus de la Morelle, sans causer de pertes, ni d'un côté ni de l'autre. Les coups étaient irréguliers, partaient de chaque buisson ; et l'on n'apercevait toujours que les petites fumées, balancées mollement par le vent. Cela dura près de deux heures. L'officier chantonnait d'un air indifférent. Françoise et Dominique, qui étaient restés dans la cour, se haussaient et regardaient pardessus une muraille basse. Ils s'intéressaient surtout à un petit soldat, posté au bord de la Morelle, derrière la carcasse d'un vieux bateau ; il était à plat ventre, guettait, lâchait son coup de feu, puis se laissait glisser dans un fossé, un peu en arrière, pour recharger son fusil ; et ses mouvements étaient si drôles, si rusés, si souples, qu'on se laissait aller à sourire en le voyant. Il dut apercevoir quelque tête de Prussien, car il se leva vivement et épaula ; mais, avant qu'il eût tiré, il jeta un cri, tourna sur lui-même et roula dans le fossé, où ses jambes eurent un instant le roidissement convulsif des pattes d'un poulet qu'on égorge. Le petit soldat venait de recevoir une balle en pleine poitrine. C'était le premier mort. Instinctivement, Françoise avait saisi la main de Dominique et la lui serrait, dans une crispation nerveuse.

Émile Zola, L'attaque du moulin.

On se battait encore, très loin maintenant, sur l'autre versant du plateau, à deux ou trois lieues. Le jour touchait à sa fin, sans que la canonnade se ralentit. Un brouillard glacé se levant du fond de la vallée voisine assourdissait les coups.
Un fantassin français se traînait sur la grande route départementale, seul, blessé au pied gauche. Une balle lui avait labouré le talon, heureusement sans fracturer l'os, et elle était ressortie. Obligé d'arracher son soulier, il avait pansé la plaie comme il avait pu, avec un pan de sa chemise déchiré en bandes. Il avançait très lentement, se servant de son fusil comme d'une canne, appuyant le moins possible son pied malade contre le sol durci et rendu glissant par la gelée. Les linges du pansement étaient tout rouges, imbibés de sang comme une éponge.

Paul Alexis, Après la bataille.

DOCUMENTS

LES SOIRÉES DE MÉDAN

La guerre avec la Prusse éclata. A vrai dire, je ne compris pas les motifs qui rendaient nécessaires ces boucheries d'armées. Je n'éprouvais ni le besoin de tuer les autres ni celui de me faire tuer par eux. Quoi qu'il en fût, incorporé dans la garde mobile de la Seine, je reçus l'ordre, après être allé chercher une vêture et des godillots, de passer chez un perruquier et de me trouver à sept heures du soir à la caserne de la rue de Lourcine.

Je fus exact au rendez-vous. Après l'appel des noms, une partie du régiment se jeta sur les portes et emplit la rue. Alors la chaussée houla et les zincs furent pleins.

Pressés les uns contre les autres, des ouvriers en sarrau, des ouvrières en haillons, des soldats sanglés et guêtrés, sans armes, scandaient, avec le cliquetis des verres, *la Marseillaise* qu'ils s'époumonaient à chanter faux. Coiffés de képis d'une profondeur incroyable et ornés de visières d'aveugles et de cocardes tricoloress en fer-blanc, affublés d'une jaquette d'un bleu noir avec col et parements garance, culottes d'un pantalon bleu de lin traversé d'une bande rouge, les modiles de la Seine hurlaient à la lune avant que d'aller faire la conquête de la Prusse. [...] Soudain un roulement de tambour couvrit toutes ces clameurs. Une nouvelle colonne sortait de la caserne ; alors ce fut une noce, une godaille indescriptible. Ceux des soldats qui buvaient dans les boutiques s'élancèrent dehors, suivis de leurs parents et de leurs amis qui se disputaient l'honneur de porter leur sac ; les rangs étaient rompus, c'était un pêle-mêle de militaires et de bourgeois ; des mères pleuraient, des pères plus calmes suaient le vin, des enfants sautaient de joie et braillaient, de toute leur voix aiguë, des chansons patriotiques ! On traversa tout Paris à la débandade, à la lueur des éclairs qui flagellaient de blancs zigzags les nuages en tumulte. La chaleur était écrasante, le sac était lourd, on buvait à chaque coin de rue ; on arriva enfin à la gare d'Aubervilliers. Il y eut un moment de silence rompu par des bruits de sanglots, dominés encore par une hurlée de *Marseillaise*, puis on nous empila comme des bestiaux dans les wagons. « Bonsoir, Jules ! à bientôt ! sois raisonnable ! écris-moi surtout ! » — On se serra la main une dernière fois, le train siffla, nous avions quitté la gare.

J.K. Huysmans, Sac au dos.

LE RÉALISME

Dans la préface de* Pierre et Jean, *Maupassant expose sa conception du réalisme et du naturalisme. Loin de prétendre à une reproduction photographique de la vie, l'artiste doit s'efforcer de donner « l'illusion complète du vrai ».

LE REFUS DE L'IDÉALISATION

Maupassant, comme Zola, veut peindre la vie telle qu'elle est, au risque de choquer son public. De fait, on a souvent reproché à ces deux auteurs de ne s'attacher qu'aux aspects bas ou laids de la vie, et de ne tenir aucun compte de la morale. Les contes normands, par exemple, racontent souvent des histoires cruelles qui révèlent l'égoïsme, l'insensibilité et l'âpreté au gain. Mais si la cruauté fait partie intégrante de la nature humaine, pourquoi ne pas la montrer ? On note le même souci d'exactitude dans l'évocation des milieux sociaux. Maupassant peint aussi bien les paysans de sa Normandie natale que les petits-bourgeois parisiens, les artistes ou les milieux mondains et snobs (*Fort comme la mort*, *Notre cœur*). Souvent revivent des épisodes héroïques ou sinistres de la guerre de 1870. Ainsi se construit une vaste « comédie humaine ». L'hommage à Balzac n'est d'ailleurs pas absent : à travers Bel-Ami, nouveau Rastignac, Maupassant évoque l'arrivisme contemporain.

VOIR, COMPRENDRE, INVENTER

Ainsi donc, au lieu d'enfermer le romancier dans des liens étroits, la méthode expérimentale le laisse à toute son intelligence de penseur et à tout son génie de créateur. Il lui faudra voir, comprendre, inventer. Un fait observé devra faire jaillir l'idée de l'expérience à instituer, du roman à écrire, pour arriver à la connaissance complète d'une vérité.

Émile Zola, *Le Roman expérimental*.

SAVOIR OBSERVER

L'influence de Flaubert a été déterminante. Le principe essentiel qu'il inculque à Maupassant est qu'à la base de l'art du romancier et du nouvelliste, il y a l'observation. C'est grâce à l'observation que l'artiste découvre ce que « la moindre chose » contient d'« inconnu » et d'« inexploré ». En mettant en évidence un aspect nouveau qui n'a « été vu et dit par personne », on révèle une part de vérité originale, qui permet de saisir l'objet perçu dans sa spécificité. Il s'agit de particulariser la vision. Ce rôle, dans l'écriture, est joué par les portraits et les descriptions, grâce auxquels un personnage ou un paysage reçoit son individualité. Ainsi, l'accumulation des précisions caractérisantes et le recours à des comparaisons permettent de « donner une image exacte » de Michèle de Burne, l'héroïne de *Notre cœur* : « Mariolle, qui s'avançait, aperçut une figure claire, blonde, un peu rousse, dont les cheveux follets sur les tempes semblaient brûler comme des feux de broussailles. Le nez fin et retroussé faisait sourire ce visage ; la bouche nettement dessinée par les lèvres, les fossettes profondes des joues, le menton un peu saillant et fendu, lui donnaient un air moqueur, tandis que les yeux, par un contraste bizarre, le voilaient de mélancolie. Ils étaient bleus, d'un bleu déteint, comme si on l'eût lavé, frotté, usé, et les pupilles noires luisaient au milieu, rondes et dilatées. Ce regard brillant et singulier paraissait raconter déjà des rêves de morphine, ou peut-être plus simplement l'artifice coquet de la belladone. »

VOIR COMME LES MYOPES

Pas si rêveur encore que l'on pense, je sais voir et voir comme voient les myopes, jusque dans les pores des choses, parce qu'ils se fourrent le nez dessus. Il y a en moi, littéralement parlant, deux bonshommes distincts : un qui est épris de *gueulades*, de lyrisme, de grands vols d'aigle, de toutes les sonorités de la phrase et des sommets de l'idée ; un autre qui fouille et creuse le vrai tant qu'il peut, qui aime à accuser le petit fait aussi puissamment que le grand, qui voudrait vous faire sentir presque matériellement les choses qu'il reproduit.

Gustave Flaubert, *Lettre à Louise Colet*, 16 janvier 1852.

UNE VISION « SAISISSANTE »

Cependant cette exactitude n'est pas celle d'une photographie. L'art n'est pas une copie du réel. Si même elle était possible, cette reproduction ne serait guère souhaitable. L'artiste réaliste « cherchera non pas à nous montrer la photographie banale de la vie, mais à nous en donner une vision plus complète, plus saisissante, plus probante que la réalité même ». Pour arriver à cette « vision (...) saisissante », le réaliste selon Maupassant doit opérer un tri dans la masse des événements qui peuvent survenir, et ne retenir que ceux qui servent à mettre en évidence la vérité profonde du personnage et de sa vie. L'œuvre gagne ainsi en concentration, en densité et en cohérence. Dans *Pierre et Jean*, par exemple, le narrateur ne rapporte que les événements qui participent à quelque degré que ce soit de la crise intérieure qui bouleverse le personnage de Pierre.

■ *Maupassant ne peut donc que contester la doctrine naturaliste, qu'il résume par le mot d'ordre suivant : « Rien que la vérité et toute la vérité. » L'art impose un choix et une hiérarchisation des éléments qu'il utilise : il faut donner à chaque personnage et à chaque événement « le degré de relief qui leur convient, suivant leur importance, pour produire la sensation profonde de la vérité spéciale qu'on veut montrer ».*

LE RÉALISME

DOCUMENT

NATURALISME ET RÉALISME

Le naturalisme

Le naturalisme de Zola prétend appliquer à la littérature la méthode expérimentale, telle que l'a formulée Claude Bernard. Dans *Le Roman expérimental* en 1880, Zola définit le romancier moderne comme « *un observateur et un expérimentateur* ». Le naturalisme suppose en effet deux moments distincts. Dans un premier temps, le romancier est un enquêteur. Il regarde la société, rassemble des informations, prend des notes de façon à reconstituer dans son œuvre, le plus précisément possible, un milieu social déterminé. Le réalisme de la reconstitution est d'autant plus important que la biologie a dégagé le rôle fondamental joué par le milieu sur l'être vivant. Une fois la création « in vitro » effectuée, il suffit d'injecter dans ce milieu reconstitué des personnages, avec leur hérédité, leur pathologie, leur déterminisme. [...] L'influence du positivisme et du matérialisme est évidente. Elle ne suffit pas à rendre rigoureux un projet dont Zola lui-même se détourne fréquemment. En effet, le réalisme que réclame l'entreprise est illusoire. De la même façon, l'objectivité de l'expérience — scientifique ou littéraire — est un leurre, dans la mesure où l'expérimentateur ne cesse d'intervenir dans l'expérience. Les naturalistes sont ainsi, comme le note Maupassant à propos des « *réalistes* » dans la préface de *Pierre et Jean*, des « *illusionnistes de talent* ».

Le réalisme

En exergue à l'un des chapitres du *Rouge et le Noir*, Stendhal cite le romancier du XVIIIe siècle, Saint-Réal, qui affirme que « *le roman est un miroir que l'on promène le long d'un chemin* ». Les limites du réalisme sont déjà exprimées en quelques mots : le miroir reflète, certes, la réalité, mais il est « promené », c'est-à-dire orienté. Le réel échappe dans sa totalité à la tentative romanesque de représentation. Flaubert aura beau rappeler dans sa correspondance : « *Il faut faire des tableaux, montrer la nature telle qu'elle est, mais des tableaux complets, peindre le dessus et le dessous des choses* », ses continuateurs vont choisir de montrer le « dessous », en négligeant systématiquement le « dessus ». On reprochera ainsi aux frères Goncourt, comme à Émile Zola, de ne donner de la réalité qu'une vision sordide. De fait, les romanciers réalistes de la fin du siècle sont attirés par les cas pathologiques, la manifestation des névroses et des maladies de l'âme. Qu'il s'agisse du triste destin de Germinie Lacerteux, la servante bigote, ou des pamoisons hystériques de Renée, l'héritière de *La Curée*, la bibliothèque réaliste devient une clinique.

Éric Cobast, 1000 mots... *Albin Michel, 1992.*

DOCUMENT

UN ROMAN VRAI

Edmond (1822-1896) et son frère Jules (1830-1870) sont des stylistes du naturalisme. Leur écriture, pleine de recherche, donne naissance à des romans tels que Germinie Lacerteux *(1864), ou* Madame Gervaisais *(1869). Après la mort de son frère, Edmond continue de publier des romans, des essais ainsi que son célèbre* Journal.

Il nous faut demander pardon au public de lui donner ce livre, et l'avertir de ce qu'il y trouvera.
Le public aime les romans faux : ce roman est un roman vrai.
Il aime les livres qui font semblant d'aller dans le monde : ce livre vient de la rue.
Il aime les petites œuvres polissonnes, les mémoires de filles, les confessions d'alcôves, les saletés érotiques, le scandale qui se retrousse dans une image aux devantures des libraires : ce qu'il va lire est sévère et pur. Qu'il ne s'attende point à la photographie décolletée du Plaisir : l'étude qui suit est la clinique de l'Amour.
Le public aime encore les lectures anodines et consolantes, les aventures qui finissent bien, les imaginations qui ne dérangent ni sa digestion ni sa sérénité : ce livre, avec sa triste et violente distraction, est fait pour contrarier ses habitudes et nuire à son hygiène.
Pourquoi donc l'avons-nous écrit ? Est-ce simplement pour choquer le public et scandaliser ses goûts ?
Non.
Vivant au XIXe siècle, dans un temps de suffrage universel, de démocratie, de libéralisme, nous nous sommes demandé si ce qu'on appelle « les basses classes » n'avait pas droit au Roman ; si ce monde sous un monde, le peuple, devait rester sous le coup de l'interdit littéraire et des dédains d'auteurs, qui ont fait jusqu'ici le silence sur l'âme et le cœur qu'il peut avoir. Nous nous sommes demandé s'il y avait encore pour l'écrivain et pour le lecteur, en ces années d'égalité où nous sommes, des classes indignes, des malheurs trop bas, des drames trop mal embouchés, des catastrophes d'une terreur trop peu noble. [...] Maintenant, que ce livre soit calomnié : peu lui importe. Aujourd'hui que le Roman s'élargit et grandit, qu'il commence à être la forme sérieuse, passionnée, vivante de l'étude littéraire et de l'enquête sociale, qu'il devient, par l'analyse et par la recherche psychologique, l'Histoire morale contemporaine ; aujourd'hui que le Roman s'est imposé les études et les devoirs de la science, il peut en revendiquer les libertés et les franchises.

E. et J. de Goncourt, Germinie Lacerteux,
Préface de la première édition.

L'ART

L'artiste se voit investi d'une lourde responsabilité, dans la mesure où il propose une vision du monde qui lui est propre. Pour Maupassant, « les grands artistes sont ceux qui imposent à l'humanité leur illusion particulière ».

LES GRANDS ARTISTES

L'art ne doit pas être une copie du réel. Le voudrait-il, d'ailleurs, qu'il ne le pourrait pas, parce que le regard de l'artiste est singulier. Il est déterminé par un mode singulier de perception du monde : « Nous portons chacun [notre réalité] dans notre pensée et dans nos organes ! Nos yeux, nos oreilles, notre odorat, notre goût différents créent autant de vérités qu'il y a d'hommes sur la terre. » Il est aussi déterminé par l'esprit de l'individu singulier qui analyse les « instructions de ces organes » d'une manière qui n'appartient qu'à lui. Tout se passe donc comme si « chacun de nous appartenait à une autre race ».
La transcription de la vie, pour être exacte, n'en est donc pas moins subjective : « Chacun de nous se fait donc simplement une illusion du monde, illusion poétique, sentimentale, joyeuse, mélancolique, sale ou lugubre suivant sa nature. Et l'écrivain n'a d'autre mission que de reproduire fidèlement cette illusion avec tous les procédés d'art qu'il a appris et dont il peut disposer. » Le romancier donne une « illusion du vrai » qui correspond à la vérité particulière qu'il veut mettre en lumière. Il propose une vision du monde, c'est-à-dire un mode d'appréhension, de compréhension et d'interprétation du monde. Cette vision est subjective dans la mesure où tout regard est subjectif, mais elle atteint à une certaine objectivité parce qu'elle acquiert grâce aux « procédés d'art » la force d'une évidence. L'artiste dévoile un aspect particulier du monde d'une manière qui semble profondément vraie.

LE POUVOIR DU STYLE

Cette manière, c'est précisément le style. Il doit être en adéquation avec l'objet à décrire. En cela, Maupassant a bien retenu la leçon de Flaubert : il s'agit de s'effacer derrière l'objet, ou du moins d'en donner l'impression. Dans une lettre célèbre à Louise Colet, datée du 9 décembre 1852, Flaubert déclare en effet que « l'auteur dans son œuvre doit être comme Dieu dans l'univers, présent partout, et visible nulle part ; l'Art étant une seconde nature, le créateur de cette nature-là doit agir par des procédés analogues ; que l'on sente dans tous les atomes, à tous les aspects, une impassibilité cachée et infinie (...) ». Cependant, l'impersonnalité qu'implique cet idéal n'est pas une absence d'individualité. L'œuvre est le produit d'un être doué d'un tempérament, d'une personnalité. Dans une lettre à

Maurice Vaucaire, Maupassant affirme : « Il faut voir avec ses propres yeux et non avec ceux des maîtres. » Ce principe, appliqué au style, signifie que l'écrivain doit proscrire les clichés, et se forger une langue originale, possédant ses images et son rythme propres. Cependant, Maupassant a toujours refusé la recherche de l'originalité considérée comme une fin en soi. En particulier, il rejette tout maniérisme dans l'expression. Il critique dans la préface de *Pierre et Jean* les « archaïsmes prétentieux et ses préciosités », parce que ceux-ci vont à l'encontre du génie de la langue, par nature « claire, logique et nerveuse ». L'originalité de l'écriture ne saurait donc se confondre avec la trouvaille d'un mot rare, ni avec les complications apprêtées de l'écriture artiste : « Ceux qui font aujourd'hui des images, sans prendre garde aux termes abstraits, ceux qui font tomber la grêle ou la pluie sur la *propreté* des vitres, peuvent aussi jeter des pierres à la simplicité de leurs confrères ! » L'ironie vise les Goncourt. Edmond ne pardonna d'ailleurs jamais à Maupassant cette préface. Mais l'auteur de *Pierre et Jean* avait trouvé sa voie : loin de l'écriture artiste, qui s'enferme dans l'étroit carcan de la forme, et qui stylise à l'excès la réalité au point d'en atténuer la brutalité par une poétisation qu'apportent les termes rares, il fait surgir une vision du monde dégagée des conventions, neuve, et porteuse de cette vérité particulière tant désirée, qui ne saurait dépendre d'aucun artifice du langage.

■ *L'écriture n'est donc pas une entreprise totalement mimétique, qui consisterait à photographier le réel sans le déformer. Elle est le fruit d'un travail sans lequel l'art ne serait pas possible. L'effet de réel, « l'illusion complète du vrai » procèdent du style, et celui-ci d'un tempérament qui n'atteint l'originalité qu'au prix d'une discipline rigoureuse. L'art réclame des ascètes.*

LE SENS DU RÉEL

Le sens du réel, c'est de sentir la nature et de la rendre telle qu'elle est. Il semble d'abord que tout le monde a deux yeux pour voir et que rien ne doit être plus commun que le sens du réel. Pourtant, rien n'est plus rare. Les peintres savent bien cela. Mettez certains peintres devant la nature, ils la verront de la façon la plus baroque du monde. Chacun l'apercevra sous une couleur dominante ; un la poussera au jaune, un autre au violet, un troisième au vert. Pour les formes, les mêmes phénomènes se produiront ; tel arrondit les objets, tel autre multiplie les angles. Chaque œil a ainsi une vision particulière. Enfin, il y a des yeux qui ne voient rien du tout. Ils ont sans doute quelque lésion, le nerf qui les relie au cerveau éprouve une paralysie que la science n'a pu encore déterminer. Ce qui est certain, c'est qu'ils auront beau regarder la vie s'agiter autour d'eux, jamais ils ne sauront en reproduire exactement une scène.

Émile Zola, Le Roman expérimental.

DOCUMENT

LE LEGS DE FLAUBERT

L'art de Maupassant est aussi un art de la caricature qui doit beaucoup à l'ironie de Flaubert. La cruauté de l'univers normand est vue par Maupassant avec le regard de Flaubert, comme peut l'illustrer par exemple cette page célèbre de Madame Bovary.

De temps à autre, on entendait des coups de fouet derrière la haie; bientôt la barrière s'ouvrait : c'était une carriole qui entrait. Galopant jusqu'à la première marche du perron, elle s'y arrêtait court, et vidait son monde, qui sortait par tous les côtés en se frottant les genoux et en s'étirant les bras. Les dames, en bonnet, avaient des robes à la façon de la ville, des chaînes de montre en or, des pèlerines à bouts croisés dans la ceinture, ou de petits fichus de couleur attachés dans le dos avec une épingle et qui leur découvraient le cou par derrière. Les gamins, vêtus pareillement à leurs papas, semblaient incommodés par leurs habits neufs (beaucoup même étrennèrent ce jour-là la première paire de bottes de leur existence), et l'on voyait à côté d'eux, ne soufflant mot dans la robe blanche de sa première communion rallongée pour la circonstance, quelque grande fillette de quatorze ou seize ans, leur cousine ou leur sœur aînée sans doute, rougeaude, ahurie, les cheveux gras de pommade à la rose, et ayant bien peur de salir ses gants. Comme il n'y avait point assez de valets d'écurie pour dételer toutes les voitures, les messieurs retroussaient leurs manches et s'y mettaient eux-mêmes. Suivant leur position sociale différente, ils avaient des habits, des redingotes, des vestes, des habits-vestes; — bons habits, entourés de toute la considération d'une famille, et qui ne sortaient de l'armoire que pour les solennités; redingotes à grandes basques flottant au vent, à collet cylindrique, à poches larges comme des sacs; vestes de gros drap, qui accompagnaient ordinairement quelque casquette cerclée de cuivre à sa visière; habits-vestes très courts, ayant dans le dos deux boutons rapprochés comme une paire d'yeux, et dont les pans semblaient avoir été coupés à même un seul bloc, par la hache du charpentier. Quelques-uns encore (mais ceux-là, bien sûr, devaient dîner au bas bout de la table) portaient des blouses de cérémonie, c'est-à-dire dont le col était rabattu sur les épaules, le dos froncé à petits plis et la taille attachée très bas par une ceinture cousue.

Gustave Flaubert, Madame Bovary.

DOCUMENT

LE LEGS DE FLAUBERT

L'art du nouvelliste, c'est aussi l'art de saisir le détail significatif, révélateur d'une vie, d'un destin. Là encore, Flaubert fut pour Maupassant un maître — En témoigne cet extrait de l'un des Trois contes, *« un cœur simple », où la servante Félicité est décrite pour la première fois.*

Au premier étage, il y avait d'abord la chambre de « Madame », très grande, tendue d'un papier à fleurs pâles, et contenant le portrait de « Monsieur » en costume de muscadin. Elle communiquait avec une chambre plus petite, où l'on voyait deux couchettes d'enfants, sans matelas. Puis venait le salon, toujours fermé, et rempli de meubles recouverts d'un drap. Ensuite un corridor menait à un cabinet d'études ; des livres et des paperasses garnissaient les rayons d'une bibliothèque entourant de ses trois côtés un large bureau de bois noir. Les deux panneaux en retour disparaissaient sous des dessins à la plume, des paysages à la gouache et des gravures d'Audran, souvenirs d'un temps meilleur et d'un luxe évanoui. Une lucarne au second étage éclairait la chambre de Félicité, ayant vue sur les prairies.
Elle se levait dès l'aube, pour ne pas manquer la messe, et travaillait jusqu'au soir sans interruption ; puis, le dîner étant fini, la vaisselle en ordre et la porte bien close, elle enfouissait la bûche sous les cendres et s'endormait devant l'âtre, son rosaire à la main. Personne, dans les marchandages, ne montrait plus d'entêtement. Quant à la propreté, le poli de ses casseroles faisait le désespoir des autres servantes. Économe, elle mangeait avec lenteur, et recueillait du doigt sur la table les miettes de son pain, — un pain de douze livres, cuit exprès pour elle, et qui durait vingt jours.
En toute saison elle portait un mouchoir d'indienne fixé dans le dos par une épingle, un bonnet lui cachant les cheveux, des bas gris, un jupon rouge, et par-dessus sa camisole un tablier à bavette, comme les infirmières d'hôpital.
Son visage était maigre et sa voix aiguë. A vingt-cinq ans, on lui en donnait quarante. Dès la cinquantaine, elle ne marqua plus aucun âge ; — et, toujours silencieuse, la taille droite et les gestes mesurés, semblait une femme en bois, fonctionnant d'une manière automatique.

Gustave Flaubert, « Un cœur simple », Trois contes.

L'EXPÉRIENCE VÉCUE

■ L'ARTISTE

LE FANTASTIQUE

LE PESSIMISME

LA DESCRIPTION

La description, conformément au principe flaubertien, doit permettre de saisir l'objet décrit dans sa spécificité pour le donner à voir au lecteur. Partageant cette volonté de représentation avec la peinture, elle se mue en tableau. En outre, quelle que soit sa place (pause dans le récit ou étroitement associée à ce dernier), elle possède toujours chez Maupassant, au-delà de sa finalité esthétique, une fonction symbolique.

TRANSPOSITION D'ART

La description donne à voir un fragment d'espace privilégié qui acquiert de ce fait un relief particulier. C'est vrai chez Maupassant de ces descriptions, véritables morceaux de bravoure, qui semblent vouloir rivaliser avec la peinture, et qui dégagent les qualités esthétiques de l'objet ou du paysage décrit. Le retour au port dans *Pierre et Jean* (chap. I) donne lieu à une description pittoresque des navires et de leurs mouvements. Le narrateur multiplie en effet les notations dynamiques : « Et on voyait d'autres navires, coiffés aussi de fumées, accourant de tous les points de l'horizon vers la jetée courte et blanche qui les avalait comme une bouche, l'un après l'autre. Et les barques de pêche et les grands voiliers aux mâtures légères glissant sur le ciel, traînés par d'imperceptibles remorqueurs, arrivaient tous, vite ou lentement, vers cet ogre dévorant ». L'illusion du mouvement est rendue par le lexique (verbes de mouvement : « accourant », « arrivaient » ; les adverbes de manière tels « vite » et « lentement »), mais aussi par le rythme même de ces deux phrases, lancées par la conjonction « Et » qui les ouvre, leur donnant ainsi comme une impulsion, un élan initial. Le narrateur semble rechercher par ailleurs les désignations précises des bateaux. Le passage gagne en précision mais aussi en étrangeté pittoresque (car le lecteur moyen ne reconnaît pas forcément un « [brick] » d'une « [goélette] ») : « Les steamers hâtifs s'enfuyaient à droite, à gauche, sur le ventre plat de l'Océan, tandis que les bâtiments à voile, abandonnés par les mouches [petit navire de halage] qui les avaient halés demeuraient immobiles, tout en s'habillant de la grande hune au petit perroquet, de toile blanche ou de toile brune qui semblait rouge au soleil couchant. » Cette description, comme dans une transposition d'art, s'apparente à un tableau, en l'occurrence à une marine, d'autant qu'aux indications dynamiques s'ajoutent quelques notations de couleur, comme celles qui closent le passage (« blanche », « brune », « rouge » et par connotation « soleil couchant »).

DESCRIPTION IMPRESSIONNISTE

Dans le même roman, la description de la plage de Trouville (chap. V) fait penser à une toile impressionniste qui accumule les notations visuelles de couleur et d'éclat, et capte le réel dans sa diversité : « Pierre se rendit sur la plage. De loin, elle avait l'air d'un long jardin plein de fleurs éclatantes. Sur la grande dune de sable jaune, depuis la jetée jusqu'aux Roches Noires, les ombrelles de toutes les couleurs, les chapeaux de toutes les formes, les toilettes de toutes les nuances, par groupes devant les cabines, par lignes le long du flot ou dispersés çà et là, ressemblaient vraiment à des bouquets énormes dans une prairie démesurée. » La récurrence des pluriels, l'emploi de l'adjectif indéfini de la totalité et les énumérations miment un réel aux multiples facettes. Quant à la comparaison florale, qui parcourt l'ensemble du passage, elle fait des « ombrelles », des « chapeaux » et des « toilettes » autant de taches colorées. Elle repose d'autre part, en tant qu'image, sur la subjectivité d'un regard, et réfère en dernière instance à la vision de celui qui parle et voit. Le paysage impressionniste, lui aussi, est vu par un regard particulier, à travers le prisme déformant d'une vision singulière.

TRANSFIGURATION DU RÉEL

Si l'on évoque maintenant *Bel-Ami* et la célèbre description de Rouen et de ses clochers vus de Canteleu, on observe le même souci de donner à voir un paysage, mais la vision l'emporte alors sur le réalisme pittoresque : au paysage réel se superpose un paysage rêvé, par le biais de la fonction poétique du langage, qui assimile dans des comparaisons et des métaphores les « clochers » à des « bijoux », les « sommets d'églises » à un « peuple gothique » et la « flèche de la cathédrale » à « la reine de la foule pointue des monuments sacrés ».

DESCRIPTION ET RÉCIT

La description reflète souvent chez l'auteur tout ou partie de l'intrigue. Ainsi, la description contenue dans l'incipit de *La Petite Roque* est significative parce qu'elle inscrit la violence dans le paysage naturel peu de temps avant la découverte du corps de la petite fille : « Il [le facteur] allait vite, le long de l'étroite rivière qui moussait, grognait, bouillonnait et filait dans son lit d'herbes, sous une voûte de saules. Les grosses pierres, arrêtant le cours, avaient autour d'elles un bourrelet d'eau, une sorte de cravate terminée en nœud d'écume. Par places, c'étaient des cascades d'un pied, souvent invisibles, qui faisaient, sous les feuilles, sous les lianes, sous un toit de verdure, un gros bruit colère et doux (...). » La nature trahit le crime et son mobile : la strangulation est suggérée par la comparaison du « bourrelet d'eau » avec « une sorte de cravate terminée en nœud d'écume ». La catachrèse (« lit d'herbes »), revivifiée par la présence de termes qui participent d'une anthropomorphisation du paysage (« grognait », « cravate », « colère »), semble signaler de façon détournée l'impulsion érotique qui a présidé au viol (la rivière « [file] dans son lit », la petite Roque est trouvée sur son lit de « mousse »), tandis que des termes tels que « colère », « grognait », « bouillonnait » sont la métaphore implicite de l'extrême brutalité de l'acte.

LA DESCRIPTION

DESCRIPTION ET PERSONNAGE

La description établit également un rapport étroit entre le cadre et le personnage. Soit celui-ci trouve dans la contemplation du paysage un élément propre à développer ses sentiments. C'est le cas de Jeanne, l'héroïne d'*Une vie*, qui se «[met] à rêver d'amour» parce que le décor nocturne invite à la sensualité et au désir. Soit le paysage est en harmonie avec un état d'âme. Si le «boulevard Malesherbes a l'air d'une avenue de forêt emprisonnée dans une ville morte», c'est parce qu'Olivier Bertin (*Fort comme la mort*) est séparé de celle qu'il aime. Une correspondance s'établit entre le personnage regardant et le paysage regardé. De même, Jeanne assiste à une pétrification de la campagne précisément au moment où s'estompe le souvenir de son voyage heureux en Corse, où s'envolent ses illusions de bonheur : «La plaine, les haies, les ormes des clôtures, tout semblait mort, tué par le froid. De temps en temps, on entendait craquer les arbres, comme si leurs membres de bois se fussent brisés sous leur écorce ; et parfois une grosse branche se détachait et tombait, l'invincible gelée pétrifiant la sève et rompant les fibres.» (*Une vie*, chap. VII.)

DESCRIPTION ET ŒUVRE

De façon plus générale, la description chez Maupassant reflète l'œuvre ou un aspect particulier de celle-ci. Il n'est pas indifférent que dans la description des bateaux dans le port du Havre, la «jetée» soit comparée à un «ogre dévorant» : Pierre ne découvre-t-il pas en lui un sentiment dévorant, la jalousie ? On peut mener le même genre d'analyse à propos du passage suivant des *Dimanches d'un bourgeois de Paris*, même s'il semble plutôt y avoir un décalage entre le cadre décrit et les personnages : «Le voile de brume qui couvre la campagne au crépuscule se déployait lentement, et une poésie flottait, faite de cette sensation de fraîcheur particulière et charmante qui emplit le bois à l'approche de la nuit. La petite femme avait pris le bras de Patissot et elle continuait, de sa bouche rose, à cracher des reproches pour son mari, qui, sans lui répondre, hurlait sans cesse "tiiit" de plus en plus fort [pour appeler son chien, qui s'est perdu].» La distorsion entre la «poésie» naturelle et le prosaïsme de certaines notations («cracher des reproches», «hurlait sans cesse "tiiit"») est représentative d'un monde (celui du trop bourgeois Patissot) incapable d'élévation, enlisé dans la platitude, la vulgarité et la bêtise.

■ *Qu'elle souhaite capter le monde dans sa réalité changeante et pittoresque, ou qu'elle le transfigure par la métaphore, la description s'organise en tableau, comme si elle cherchait avant tout à donner l'équivalent exact d'une impression visuelle. Hantée par cette tentation picturale toujours à l'horizon de sa démarche, elle revêt une fonction esthétique qui n'épuise cependant pas sa signification. Loin d'être gratuite, elle instaure un jeu de reflets et de doubles : le cadre est inséparable du personnage et de l'intrigue, il est emblématique de l'œuvre. La vraisemblance est plus grande et la cohérence aussi, puisqu'un réseau de correspondances se tisse entre tous les éléments signifiants du texte.*

LA TENTATION DE LA PEINTURE

La tentation picturale n'a jamais quitté Maupassant. Dans *La vie d'un paysagiste*, chronique de 1886, l'auteur met en scène un peintre. L'utilisation de la première personne montre que ce peintre est un des doubles de l'écrivain. Comme ce dernier il traque au cœur de la nature ce qu'elle comporte d'inexploré : « *Vrai, je ne vis que par les yeux ; je vais, du matin au soir, par les plaines et par les bois, par les rochers et par les ajoncs, cherchant les tons vrais, les nuances inobservées, tout ce que l'école, tout ce que l'appris, tout ce que l'éducation aveuglante et classique empêche de connaître et de pénétrer* ». Il révèle aussi son admiration pour Monet, rencontré au cours d'une de ses promenades, et seul capable de « *saisir (...) une tombée étincelante de lumière sur la falaise blanche et la fixer à une coulée de tons jaunes* » pour rendre « *le surprenant et fugitif effet de cet insaisissable et aveuglant éblouissement* ».

Claude Monet, *Étretat : la plage et la porte d'Amont* (1883).

UN PAYSAGE

Bel-Ami, qui vient d'épouser Madeleine Forestier, se rend avec elle en Normandie. Elle a, en effet, insisté pour qu'il lui présente ses parents. Le couple passe d'abord par Rouen. Le passage décrit la ville vue de Canteleu.

Puis la ville apparaissait sur la rive droite, un peu noyée dans la brume matinale, avec des éclats de soleil sur ses toits, et ses mille clochers légers, pointus ou trapus, frêles et travaillés comme des bijoux géants, ses tours carrées ou rondes coiffées de couronnes héraldiques, ses beffrois, ses clochetons, tout le peuple gothique des sommets d'églises que dominait la flèche aiguë de la cathédrale, surprenante aiguille de bronze, laide, étrange et démesurée, la plus haute qui soit au monde.

Mais en face, de l'autre côté du fleuve, s'élevaient, rondes et renflées à leur faîte, les minces cheminées d'usines du vaste faubourg de Saint-Sever.

Plus nombreuses que leurs frères les clochers, elles dressaient jusque dans la campagne lointaine leurs longues colonnes de briques et soufflaient dans le ciel bleu leur haleine noire de charbon.

Et la plus élevée de toutes, aussi haute que la pyramide de Chéops, le second des sommets dus au travail humain, presque l'égale de sa fière commère la flèche de la cathédrale, la grande pompe à feu de la *Foudre* semblait la reine du peuple travailleur et fumant des usines, comme sa voisine était la reine de la foule pointue des monuments sacrés.

Bel-Ami

1. ORGANISATION DE L'ESPACE DÉCRIT

La description utilise un topo, un lieu commun de l'écriture réaliste et naturaliste : la vision en surplomb, qui permet de présenter une vue panoramique du paysage décrit. Le décor s'organise en fonction d'une opposition entre deux repères spatiaux, la droite et la gauche («rive droite», «en face, de l'autre côté du fleuve»), qui commandent la succession des paragraphes et l'ordre même de la description. Cette opposition, d'ailleurs marquée par la conjonction «Mais», est redoublée par les antithèses désignant les monuments des deux rives («peuple travailleur et fumant des usines», «foule pointue des monuments sacrés»). Ainsi s'opère une séparation nette entre la ville et son faubourg. L'une, associée à la religion, à l'Histoire dans ce qu'elle a de plus prestigieux, s'oppose à l'autre, qui symbolise l'ère nouvelle de l'industrialisation et du progrès.

2. DU RÉALISME A LA VISION

On note un certain réalisme de la description, dans l'emploi de la fonction référentielle du langage, qui permet d'ancrer le texte dans une réalité existant en dehors de la fiction (toponymie réaliste : «Saint-Sever»; champ lexical de l'architecture, champ lexical du monde moderne).
De même, les caractérisants nombreux (fréquence des adjectifs qualificatifs), le souci de précision apporté par certaines notations («pointus ou trapus», «carrées ou rondes») témoignent de cette intention réaliste.

Cependant, au paysage réel se superpose un paysage rêvé, comme le montre le recours à la fonction poétique du langage : les images filées personnifient les «usines» et les «monuments sacrés», les métamorphosent en «[peuples]» distincts gouvernés chacun par une «reine». Le caractère subjectif de cette transfiguration est signalé par le modalisateur («semblait»).

3. UNE DESCRIPTION SYMBOLIQUE

Certes, la description revêt ici une fonction esthétique, mais sa finalité est aussi symbolique.
Il y a en effet un rapport étroit entre le dynamisme ascensionnel représenté par la verticalité des «colonnes» et des «clochers» ou de la «flèche aiguë de la cathédrale» et le destin du personnage, dont l'ambition lui fera gravir tous les échelons de la société. La métaphore royale («reine») préfigure sa métamorphose : n'est-il pas assimilé à la fin de l'œuvre, lors de son mariage, à un «roi que le peuple [vient] acclamer»?

■ *On assiste ici à un dépassement du réalisme, dans la mesure où le réel décrit se trouve métamorphosé par le regard du narrateur et de ses personnages. Il s'agit de faire rêver, mais plus encore d'inscrire au sein d'un paysage les indices révélateurs du destin du héros-titre. Le décor doit être décrypté comme une métaphore du désir de parvenir. La thématique de l'ascension participe d'une rêverie de toute-puissance.*

UN PORTRAIT

Dans l'incipit, en cela traditionnel, le romancier trace un portrait des deux frères, qui ne multiplie les effets de symétrie que pour mieux dire l'opposition entre les personnages : au-delà d'une identité apparente se font jour des différences radicales.

Jean, aussi blond que son frère était noir, aussi calme que son frère était emporté, aussi doux que son frère était rancunier, avait fait tranquillement son droit et venait d'obtenir son diplôme de licencié en même temps que Pierre obtenait celui de docteur.

Tous les deux prenaient donc un peu de repos dans leur famille, et tous les deux formaient le projet de s'établir au Havre s'ils parvenaient à le faire dans des conditions satisfaisantes.

Mais une vague jalousie, une de ces jalousies dormantes qui grandissent presque invisibles entre frères ou entre sœurs jusqu'à la maturité et qui éclatent à l'occasion d'un mariage ou d'un bonheur tombant sur l'un, les tenait en éveil dans une fraternelle et inoffensive inimitié. Certes ils s'aimaient, mais ils s'épiaient. Pierre, âgé de cinq ans à la naissance de Jean, avait regardé avec une hostilité de petite bête gâtée cette autre petite bête apparue tout à coup dans les bras de son père et de sa mère, et tant aimée, tant caressée par eux.

Pierre et Jean

1. LES FAUX EFFETS DE SYMÉTRIE

Le portrait repose sur des parallélismes et s'organise selon un rythme binaire. On peut noter les répétitions (« venait d'obtenir », « obtenait »), la conjonction de subordination « en même temps que » qui indique la simultanéité, les expressions englobantes (« Tous les deux » répété en anaphore) et la tournure « aussi... que » qui semble introduire un comparatif d'égalité.

Par ailleurs, le rythme binaire domine dans ce passage. Il est créé par le couplage constant des termes ou des unités grammaticales : couplage de verbes (« prenaient », « formaient »), de substantifs (« frères », « sœurs », « mariage », « bonheur »), d'adjectifs (« fraternelle », « inoffensive ») et de propositions (« qui grandissent [...] et qui éclatent »).

Au terme de ce repérage, on pourrait être tenté de dire que Pierre et Jean sont semblables, que Pierre *EST* Jean. Cependant, cette identité n'est qu'apparente. Les deux personnages ont certes réussi leurs études, nourrissent des ambitions similaires, mais l'un est avocat, et l'autre docteur, l'un est « blond », l'autre « noir ». Le texte ne les rapproche que pour mieux les opposer.

2. DEUX PERSONNAGES ANTITHÉTIQUES

La tournure « aussi + adjectif + que » sert en fait à introduire une proposition qui oppose antithèse « blond » et « noir », « calme » et « emporté », « doux et rancunier ». Le lien d'opposition, — « Mais » —, qui ouvre le troisième paragraphe rompt le bel équilibre qui règne dans le second. Le couplage de termes est abandonné quand il s'agit d'évoquer le « mariage » ou le « bonheur » qui échoit à « l'un » (mais pas à l'« autre »).

Donc, Jean n'est pas Pierre, comme en témoigne encore l'adjectif indéfini « autre » dans « cette autre petite bête » autre, différente). Enfin, l'amour est proche de la haine (Pierre *HAIT* Jean, dont il est jaloux), ce que prouvent l'antithèse « s'aimaient »/« s'épiaient » et le double oxymore qui réunit au sein d'une même expression des termes incompatibles (« fraternelle »/« inimitié » ; « inoffensive »/« inimitié »).

■ *Ce passage, situé au début du roman, permet de présenter les relations complexes des deux frères, placées sous le signe de l'amour mais aussi d'une animosité proche de la haine. Ainsi, le portrait contient en germe tout le roman : il annonce la jalousie de Pierre, et l'injustice du sort qui donne à son frère le « mariage » et le « bonheur ». Il a donc une portée narrative et symbolique.*

L'INSPIRATION FANTASTIQUE

Maupassant renouvelle le genre fantastique en vogue au XIXe siècle en lui donnant une orientation plus psychologique, plus intérieure. Il explore les profondeurs de l'âme, d'où il fait surgir l'insolite et l'horreur.

LE FANTASTIQUE, ESSAI DE DÉFINITION

Caractérisé par une irruption du mystère dans la vie réelle, « rupture de l'ordre reconnu », intrusion de « l'inadmissible au sein de l'inaltérable légalité quotidienne » (Caillois, *Au cœur du fantastique*), le fantastique lance un défi à la raison et peut-être à la morale. Todorov (*Introduction à la littérature fantastique*) voit dans l'incertitude et l'hésitation la marque spécifique du genre. Dans les récits fantastiques, il se produit au sein d'un monde quotidien et banal parfaitement intelligible un événement étrange, difficilement explicable. Deux possibilités, inscrites dans le texte, s'offrent alors : ou bien l'on trouve à l'événement son explication naturelle, qui ne remet pas en question les lois physiques connues régissant notre univers ; ou bien l'on a recours au surnaturel pour rendre compte de l'événement étrange : le monde obéit, dans ce cas, à des forces inconnues, et suit des lois mystérieuses, que la science n'a pas encore mises à jour. Or, le texte fantastique ne choisit pas entre ces deux possibilités. Ainsi, on peut lire dans *Le Horla* : « On avait donc bu cette eau ? Qui ? Moi ? moi, sans doute ? Ce ne pouvait être que moi ? Alors, j'étais somnambule, je vivais, sans le savoir, de cette double vie mystérieuse qui fait douter s'il y a deux êtres en nous, ou si un être étranger, inconnaissable et invisible, anime, par moments, quand notre âme est engourdie, notre corps captif qui obéit à cet autre, comme à nous-mêmes, plus qu'à nous-mêmes. » Le narrateur ne sait pas s'il lui faut attribuer l'événement insolite (sa carafe d'eau est vide, alors qu'elle était pleine au moment du coucher, et qu'il ne se souvient pas d'avoir bu) au somnambulisme (explication naturelle) ou à l'intervention d'une créature invisible (explication surnaturelle). Le fantastique naît de cette incertitude.

LA THÉMATIQUE FANTASTIQUE CHEZ MAUPASSANT

Placé sous le signe de la transgression, le fantastique tend à abolir les limites entre des catégories que l'expérience ou la raison séparent. Les lois qui gouvernent l'univers physique sont battues en brèche. Ainsi, le principe d'identité est remis en question. Dans l'univers fantastique, un élément peut devenir autre, par le biais de l'écriture. Les meubles de *Qui sait ?* sont assimilés à des animaux. Une partie du corps peut se transformer en être autonome (les mains dans *Un fou ?*). La mort n'est plus une fin (*Apparition*). Par conséquent, le rapport du moi au monde extérieur est bouleversé. Le temps et l'espace, qui constituent les cadres obligés de toute perception, se dérèglent (temps figé dans *La Nuit*, rétrécissement et ouverture de l'espace dans *Sur l'eau*). Enfin, la séparation entre l'être et le monde extérieur se fait incertaine : l'être maupassantien, perméable, est envahi par une présence étrangère qui le boit pour épuiser sa vie, qui absorbe son reflet dans la glace, première étape avant la dévoration (*Le Horla*). Le moi est à ce point indifférencié qu'il encourt en permanence le risque de sa dissolution.

L'ORIGINALITÉ DU FANTASTIQUE CHEZ MAUPASSANT

L'originalité de Maupassant est d'avoir inscrit le fantastique dans l'homme. Ce dernier est l'ultime territoire inconnu, que la science commence à peine d'explorer. L'hésitation constitutive du fantastique est formulée le plus souvent en ces termes : si le personnage semble bien avoir vu ce qu'il déclare avoir vu, peut-on néanmoins lui faire confiance, son témoignage ne peut-il être mis en doute ? Les titres interrogatifs (*Qui sait ?*, *Un fou ?*) laissent planer l'incertitude, de même que l'emploi du « je », qui signale la subjectivité, et peut-être aussi, par voie de conséquence, la partialité, voire la fausseté des propos. Dès lors, deux discours s'affrontent. Celui de la raison refuse le surnaturel et fait du personnage un fou plus ou moins dangereux ; l'autre admet le surnaturel : le « Horla » existe, le narrateur de *Lui ?* n'a pas été victime d'une hallucination, il a effectivement vu son double. Mais dans ces conditions, l'explication rationnelle est tout aussi effrayante que l'explication surnaturelle. Davantage même, car elle fait surgir au cœur de l'individu un continent nouveau, inconnu, effrayant.

■ *Avant tout intérieur, le fantastique chez Maupassant se développe sur le terrain des angoisses, des obsessions et des perversions. Et tant que désordre, il constitue donc un scandale logique aussi bien que moral, au sens où il défie la raison et les conventions sociales en conviant à une expérience des limites particulièrement destructrice puisqu'elle remet insidieusement en question les frontières entre le normal et le pathologique.*

G. Lemoine, gravure pour Le Horla.

L'INSPIRATION FANTASTIQUE

DOCUMENT

LE FANTASTIQUE VU PAR MAUPASSANT

Lentement, depuis vingt ans, le surnaturel est sorti de nos âmes. Il s'est évaporé comme s'évapore un parfum quand la bouteille est débouchée. En portant l'orifice aux narines et en aspirant longtemps, longtemps, on retrouve à peine une vague senteur. C'est fini.

Nos petits-enfants s'étonneront des croyances naïves de leurs pères à des choses si ridicules et si invraisemblables. Ils ne sauront jamais ce qu'était autrefois, la nuit, la peur du mystérieux, la peur du surnaturel. C'est à peine si quelques centaines d'hommes s'acharnent encore à croire aux visites des esprits, aux influences de certains êtres ou de certaines choses, au somnambulisme lucide, à tout le charlatanisme des spirites. C'est fini.

Notre pauvre esprit inquiet, impuissant, borné, effaré par tout effet dont il ne saisissait pas la cause, épouvanté par le spectacle incessant et incompréhensible du monde a tremblé pendant des siècles sous des croyances étranges et enfantines qui lui servaient à expliquer l'inconnu. Aujourd'hui, il devine qu'il s'est trompé, et il cherche à comprendre, sans savoir encore. Le premier pas, le grand pas est fait. Nous avons rejeté le mystérieux qui n'est plus pour nous que l'inexploré.

Dans vingt ans, la peur de l'irréel n'existera plus même dans le peuple des champs. Il semble que la Création ait pris un autre aspect, une autre figure, une autre signification qu'autrefois. De là va certainement résulter la fin de la littérature fantastique.

Elle a eu, cette littérature, des périodes et des allures bien diverses, depuis le roman de chevalerie, les *Mille et une Nuits*, les poèmes héroïques, jusqu'aux contes de fées et aux troublantes histoires d'Hoffmann et d'Edgar Poe.

Le Gaulois, *7 octobre 1883.*

DOCUMENT

LE TEMPS D'UNE HÉSITATION

Le fantastique, nous l'avons vu, ne dure que le temps d'une hésitation : hésitation commune au lecteur et au personnage, qui doivent décider si ce qu'ils perçoivent relève ou non de la « réalité », telle qu'elle existe pour l'opinion commune. A la fin de l'histoire, le lecteur, sinon le personnage, prend toutefois une décision, il opte pour l'une ou l'autre solution, et par là même sort du fantastique. S'il décide que les lois de la réalité demeurent intactes et permettent d'expliquer les phénomènes décrits, nous disons que l'œuvre relève d'un autre genre : *l'étrange*. Si, au contraire, il décide qu'on doit admettre de nouvelles lois de la nature, par lesquelles le phénomène peut être expliqué, nous entrons dans le genre du *merveilleux*.

Le fantastique mène donc une vie pleine de dangers, et peut s'évanouir à tout instant. Il paraît se placer plutôt à la limite de deux genres, le merveilleux et l'étrange, qu'être un genre autonome. Une des grandes périodes de la littérature surnaturelle, celle du roman noir (*the Gothic novel*) semble en apporter la confirmation. En effet, on distingue généralement, à l'intérieur du roman noir, deux tendances : celle du surnaturel expliqué (de l'« étrange », pourrions-nous dire), tel qu'il apparaît dans les romans de Clara Reeves et d'Ann Radcliffe ; et celle du surnaturel accepté (ou du « merveilleux »), qui regroupe les œuvres de Horace Walpole, de M. G. Lewis et de Mathurin. Il n'y a pas là le fantastique proprement dit : seulement des genres qui lui sont voisins. Plus exactement, l'effet fantastique se produit bien mais pendant une partie de la lecture seulement : chez Ann Radcliffe, avant que nous soyons sûrs que tout ce qui est arrivé peut recevoir une explication rationnelle ; chez Lewis, avant que nous soyons persuadés que les événements surnaturels ne recevront aucune explication. Une fois le livre achevé, nous comprenons — dans les deux cas — qu'il n'y a pas eu fantastique.

On peut se demander jusqu'à quel point tient une définition de genre qui laisserait l'œuvre « changer de genre » du fait d'une simple phrase comme : « A ce moment, il se réveilla et vit les murs de sa chambre... » Mais, d'abord, rien ne nous empêche de considérer le fantastique précisément comme un genre toujours évanescent. Une telle catégorie n'aurait d'ailleurs rien d'exceptionnel. La définition classique du *présent*, par exemple, nous le décrit comme une pure limite entre le passé et le futur.

Todorov, Introduction à la littérature fantastique,
Éd. du Seuil, 1970.

L'ÉCRITURE DU FANTASTIQUE

Maupassant, pour créer l'ambiguïté inhérente au fantastique, utilise plusieurs procédés : choix des pronoms, modalisation ou images permettent d'inscrire une faille dans l'univers que l'écriture prend en charge.

LE CHOIX DE LA PERSONNE

La plupart du temps, les récits fantastiques utilisent la première personne. Ce « je » est double : il représente à la fois le narrateur et le personnage, et c'est bien parce que le « je » est aussi un personnage que son discours est sujet à caution : le personnage ment-il ? Est-il le jouet d'une hallucination ? La première personne introduit d'emblée une subjectivité suspecte. On pense à *Qui sait ?* : cette histoire de meubles qui abandonnent d'eux-mêmes la maison de leur propriétaire semble incroyable. Le narrateur-personnage essaie néanmoins de nous convaincre de sa véracité. Comme l'enquête de police n'a abouti à rien, il entreprend un voyage en Italie, puis en Afrique, pour oublier la disparition de ses meubles. De retour en France, il décide de visiter la Normandie, qu'il ne connaît pas. Quelle n'est pas sa surprise ! Il retrouve chez un brocanteur de Rouen les meubles qui s'étaient enfuis sous ses yeux quelques mois auparavant. Il porte plainte auprès du « commissaire central de la police », mais le brocanteur, un homme hideux et terrifiant, un « monstre à crâne de lune », réussit à s'enfuir. Or, deux semaines plus tard, comme par enchantement, tous les meubles reviennent dans la maison. Confronté à un récit aussi singulier, le lecteur met en doute la sincérité du narrateur, ou plutôt il le soupçonne d'être fou. Maupassant prend bien soin de préciser que son narrateur, qui est aussi le principal personnage de la nouvelle, s'est réfugié dans une « maison de santé » pour fuir le brocanteur monstrueux. Par ailleurs, les propos qu'il prête à ce personnage témoignent d'une émotivité, d'une exaltation poussées à leur paroxysme : « Introuvable ! il est introuvable, ce monstre à crâne de lune ! On ne le prendra jamais. Il ne reviendra point chez lui. Que lui importe à lui. Il n'y a que moi qui peux le rencontrer, et je ne veux pas. / Je ne veux pas ! je ne veux pas ! je ne veux pas ! » L'extrême agitation des propos, jointe à l'utilisation d'un « je » par nature double (le « je » du personnage-narrateur) suffit à jeter le doute sur la vérité du récit, sans que l'hésitation puisse être levée.

LES INDICES DE LA SUBJECTIVITÉ

Outre la première personne, on rencontre des modalisateurs qui atténuent ce qu'une affirmation pure et simple aurait de trop certain, de trop catégorique : « Je ne vis rien d'abord, puis, tout à coup, il me sembla qu'une page du livre resté ouvert sur ma table venait de tourner toute seule » (*Le*

Horla). L'utilisation du verbe « sembler » permet d'imposer la vision tout en introduisant un doute sur la réalité de celle-ci. De même, dans *Apparition*, le personnage « [croit] entendre ou plutôt sentir un frôlement derrière [lui] » : réalité ou illusion ?

COMPARAISONS ET MÉTAPHORES

L'emploi des images est récurrent dans les récits fantastiques. Ainsi, dans *Qui sait ?*, le personnage déclare : « (...) J'avançai comme un chevalier des époques ténébreuses pénétrait en un séjour de sortilèges. » Or, il entre bien dans un monde autre, puisqu'il retrouve, chez l'antiquaire, et comme par enchantement, les meubles qui, comme par magie, ont disparu. Dans *Le Horla*, la tige de la rose se plie, « comme si une main invisible l'eût tordue » : la comparative hypothétique suggère la présence d'un être inconnu, « invisible » ; dans *Apparition*, elle sert à insinuer que la morte pourrait bien être vivante : « Je vis (...) une grande pièce en désordre, avec un lit sans draps, mais gardant ses matelas et ses oreillers, dont l'un portait l'empreinte profonde d'un coude ou d'une tête comme si on venait de se poser dessus. »
Ces images créent l'hésitation : doit-on les prendre au sens figuré ou au sens propre ? Le récit tendrait plutôt à prouver qu'il faut les lire littéralement, dans la mesure où les personnages du *Horla* et d'*Apparition* semblent effectivement confrontés à des êtres surnaturels (un monstre, un spectre). De même, le fait de comparer un objet à « un visage de

LE HORLA 43

19 *août*. — Je sais... je sais... je sais tout ! Je viens de lire ceci dans la *Revue du Monde Scientifique* : « Une nouvelle assez curieuse nous arrive de Rio de Janeiro. Une folie, une épidémie de folie, comparable aux démences contagieuses qui atteignirent les peuples d'Europe au moyen âge, sévit en ce moment dans la province de San-

Une page du Horla, *dans l'édition de 1908.*

femme », et d'assimiler à sa propriétaire la tresse de cheveux découverte dans le tiroir secret d'un bureau, permet de préparer la résurrection (supposée) de « la belle Morte ».

■ *Ainsi, tout est en place pour déstabiliser le réel et sa représentation. A quoi ou à qui se fier ? Certainement pas au narrateur, ni aux perceptions incertaines, qui ne permettent pas de distinguer entre la réalité et l'illusion. Les images elles-mêmes sont suspectes : elles font naître quelque chose qui tient à la fois du corps et du fantôme, préparant ainsi le chemin au Horla.*

RAISON OU FOLIE?

Au début de la nouvelle* Qui sait?*, le narrateur dresse de lui-même un portrait qui manifeste un désir d'intégration dans une certaine normalité. Mais en présentant les traits les plus durables de son caractère, il révèle au contraire une inquiétante singularité.

J'aime tant être seul que je ne puis même supporter le voisinage d'autres êtres dormant sous mon toit; je ne puis habiter Paris parce que j'y agonise indéfiniment. Je meurs moralement, et suis aussi supplicié dans mon corps et dans mes nerfs par cette immense foule qui grouille, qui vit autour de moi, même quand elle dort. Ah! le sommeil des autres m'est plus pénible encore que leur parole. Et je ne peux jamais me reposer, quand je sais, quand je sens, derrière un mur, des existences interrompues par ces régulières éclipses de la raison.

Pourquoi suis-je ainsi? Qui sait? La cause en est peut-être fort simple : je me fatigue très vite de tout ce qui ne se passe pas en moi. Et il y a beaucoup de gens dans mon cas.

Nous sommes deux races sur la terre. Ceux qui ont besoin des autres, que les autres distraient, occupent, reposent, et que la solitude harasse, épuise, anéantit, comme l'ascension d'un terrible glacier ou la traversée du désert, et ceux que les autres, au contraire, lassent, ennuient, gênent, courbaturent, tandis que l'isolement les calme, les baigne de repos dans l'indépendance et la fantaisie de leur pensée.

En somme, il y a là un normal phénomène psychique. (...).

Qui sait?

1. UN DISCOURS PSEUDO-SCIENTIFIQUE

Le discours que le narrateur tient sur soi prétend à la rigueur scientifique, ce que montre la recherche constante des explications (« parce que j'y agonise », « Pourquoi », « cause »). Il énonce aussi une loi générale (« Nous sommes deux races sur la terre ») qui permet de dépasser le cadre étroit de l'individualité (passage du « je » au « nous » ; utilisation d'un présent atemporel) et de présenter comme un comportement répandu ce qui relève en fait de la singularité propre au personnage, à savoir cette peur et cette souffrance liées à la présence d'autrui.
Cette singularité est niée en tant que telle : l'adjectif numéral cardinal « deux » (« deux races ») qui englobe les deux catégories de gens ainsi définies, et le parallélisme de structure (« Ceux qui [...], et ceux que ») rendent lisible, claire, évidente, la classification des êtres humains telle qu'elle est proposée, tout en laissant entendre par la symétrie ainsi instaurée que les « deux races » (les solitaires et les autres) sont équivalentes, et possèdent un nombre égal de représentants. De cette manière le narrateur croit pouvoir gommer la dimension pathologique inhérente à sa personnalité. Cependant, ses propos manquent de logique et procèdent d'une généralisation abusive.

> Tout le fantastique est rupture de l'ordre reconnu, irruption de l'inadmissible au sein de l'inaltérable légalité quotidienne.
>
> Roger Caillois, *Au cœur du fantastique*, Gallimard, 1965.

2. LES INDICES DU TROUBLE INTÉRIEUR

En fait, le discours pseudo-scientifique est destiné à masquer le trouble, qui transparaît pourtant.
Tout d'abord, on note la présence de la fonction expressive du langage (exclamation qui traduit la souffrance : « Ah ! le sommeil des autres m'est plus pénible encore que leur parole », interrogations qui disent la perplexité du locuteur et son incertitude : « Pourquoi suis-je ainsi ? Qui sait ? »).
Par ailleurs, le champ lexical de la torture et de l'agonie (« Je meurs moralement », « supplicié »), l'adverbe « indéfiniment » témoignent d'une exagération des propos qu'il faut sans doute mettre au compte d'une sensibilité maladive. La métaphore animalisante de la « foule qui grouille » trahit un dégoût sans bornes, tandis que celle qui assimile le sommeil des autres à un accès de folie, à une « éclipse de la raison » permet de suggérer de façon habile qu'il arrive régulièrement aux gens normaux de sombrer dans la folie, et que, vérité ô combien paradoxale, la folie est normale.

■ *Au seuil de la nouvelle se trouve donc posée une énigme qu'il est impossible de résoudre, et dont le narrateur-personnage est l'enjeu, puisqu'on ne sait pas, à lire le passage, si ce personnage est sain d'esprit ou non, s'il est simplement troublé à cause de l'aventure terrible qui lui est arrivée ou s'il est définitivement entré dans la folie. D'emblée, l'auteur installe le discours dans cet entre-deux qui caractérise le fantastique.*

L'EXPÉRIENCE VÉCUE

L'ARTISTE

■ **LE FANTASTIQUE**

LE PESSIMISME

TÉLÉKINÉSIE

Quand le monde familier se dérègle, les objets s'animent, acquièrent une autonomie terrifiante. Ainsi, caché dans son jardin, le personnage assiste en témoin impuissant au départ de tous ses meubles.

J'attendis encore, oh ! peu de temps. Je distinguais, à présent, un extraordinaire piétinement sur les marches de mon escalier, sur les parquets, sur les tapis, un piétinement, non pas de chaussures, de souliers humains, mais de béquilles, de béquilles de bois et de béquilles de fer qui vibraient comme des cymbales. Et voilà que j'aperçus tout à coup, sur le seuil de ma porte, un fauteuil, mon grand fauteuil de lecture, qui sortait en se dandinant. Il s'en alla par le jardin. D'autres le suivaient, ceux de mon salon, puis les canapés bas en se traînant comme des crocodiles sur leurs courtes pattes, puis toutes mes chaises, avec des bonds de chèvres, et les petits tabourets qui trottaient comme des lapins.

Oh ! quelle émotion ! Je me glissai dans un massif où je demeurai accroupi, contemplant toubours ce défilé de mes meubles, car ils s'en allaient tous, l'un derrière l'autre, vite ou lentement, selon leur taille et leur poids. Mon piano, mon grand piano à queue, passa avec un galop de cheval emporté et un murmure de musique dans le flanc, les moindres objets glissaient sur le sable comme des fourmis, les brosses, les cristaux, les coupes, où le clair de lune accrochait des phosphorescences de vers luisants. Les étoffes rampaient, s'étalaient en flaques à la façon des pieuvres de la mer.

Qui sait ?

1. UN PERSONNAGE PASSIF

Le personnage est un témoin, réduit à une ouïe, à un regard (« distinguais », « aperçus »...). Les seules actions évoquées sont l'attente ou la fuite (« Je me glissai »). Les exclamations, jointes aux termes intensifs (« Oh ! quelle émotion ! ») indiquent la perte du contrôle de soi, en relation avec l'extrême singularité de cette scène.

2. L'INOUÏ ET LE JAMAIS-VU

Le caractère incroyable de l'événement est mis en évidence grâce aux hyperboles (« extraordinaire piétinement ») et à la correction qui substitue à l'explication la plus naturelle une explication inattendue (« un piétinement, non pas de chaussures [...], mais de béquilles »). Les limites entre l'inerte et le vivant disparaissent, ce que traduisent les images animales. Les meubles, sujets des verbes de mouvement (« un fauteuil [...] sortait », « Mon piano [...] passa »), sont assimilés à des animaux, terrestres ou marins (« lapins » ou « pieuvres », par exemple).

3. UNE TONALITÉ COMPLEXE

Devant un tel spectacle, le personnage est la proie d'émotions contradictoires. Il éprouve un sentiment d'horreur. Les sensations évoquées sont dysphoriques. Poussées à l'extrême, elles envahissent l'espace (« piétinement sur les marches [...], sur les parquets »). De plus, le « je » est dépossédé dans cet inventaire paradoxal, qui consiste à énumérer tout ce qu'on possède au moment même où on le perd. La récurrence des possessifs de première personne (« mon », « mes ») vise à conjurer la perte, tentative ô combien dérisoire !

Mais en même temps, l'horreur confine au grotesque : les images animales, prosaïques parfois (« en se traînant comme des crocodiles »), sont inattendues, et un effet de discordance est créé par l'hétérogénéité des comparants (on rencontre un canard, des « crocodiles », des « lapins », des « chèvres », et la liste est loin d'être close).

On débouche même sur une certaine poésie, dans la mesure où certaines images échappent au grotesque (le piano-cheval et les flaques-pieuvres) et tissent comme une trame sonore et musicale (« murmure de musique », « phosphorescences de vers luisants »).

■ *Ainsi, ce passage permet d'inscrire l'impensable au sein d'un monde en apparence connu et familier. Cependant, l'événement reste problématique : s'il a réellement eu lieu, le monde est gouverné par le surnaturel. Si, au contraire, le personnage est le jouet d'une mystification ou de ses hallucinations, l'impensable trouve une explication logique et naturelle. C'est précisément là que réside l'hésitation propre au genre fantastique.*

TÉLÉKINÉSIE

Se dit de l'action d'objets en mouvement, mais qui n'ont pas de contact entre eux.

LE MOI

L'être maupassantien n'a pas une identité stable. Signe de ce déséquilibre, la scission du moi montre un individu aux prises avec deux aspects différents de sa personnalité. L'unité du sujet est remise en question. D'autre part, dans ses contes fantastiques, Maupassant met en scène des personnages que hante la peur de rencontrer une présence étrangère, cet Autre hostile qui fait peser sur eux et sur l'humanité la menace d'une dépossession de soi.

LE RÔLE DE LA PEUR DANS LA DIVISION DU MOI

La fracture du moi peut être causée par la peur, cette grande débâcle qui dissout l'être et le liquéfie : « L'âme se fond ; on ne sent plus son cœur ; le corps entier devient mou comme une éponge, on dirait que tout l'intérieur de nous s'écroule » (*Apparition*). Le changement d'état (passage du solide au liquide), et la chute brutale qui fait de l'« âme » et du « corps » comme un champ de ruines préparent le morcellement d'un moi désormais déchiré entre des impulsions contraires. Lorsque le narrateur de *Sur l'eau* analyse avec la distance que permet le décalage temporel entre l'aventure passée et le temps de l'écriture l'épouvante qui l'a saisi, il déclare : « Je me sentais la volonté bien ferme de ne point avoir peur, mais il y avait en moi autre chose que ma volonté, et cette autre chose avait peur. Je me demandai ce que je pouvais redouter ; mon *moi* brave railla mon *moi* poltron, et jamais aussi bien que ce jour-là je ne saisis l'opposition des deux êtres qui sont en nous, l'un voulant, l'autre résistant, et chacun l'emportant tour à tour. » Le « moi » se dédouble, se décompose en deux principes, l'un actif l'autre passif, qui se disputent le pouvoir en un combat douloureux pour l'individu qui en est le siège.

LE MOI DISSOCIÉ

Le cas précédent repose sur une dichotomie somme toute traditionnelle entre faiblesse et volonté, mais la scission peut se révéler bien plus dangereuse lorsque la peur n'est plus causée par un élément extérieur. Un autre moi surgit, sur lequel le moi habituel n'a pratiquement aucune prise. Il y a double dans la mesure où ce moi inconnu (inconscient ?) fait bien partie intégrante du sujet, mais ce double est en conflit avec le moi habituel, il le tyrannise, il le terrorise. Il dicte au corps des mouvements, des gestes incontrôlables. Jacques Parent (*Un fou ?*) a peur de ses mains, douées d'une vie indépendante : « On eût dit qu'il avait peur qu'elles ne fissent, malgré lui, quelque besogne défendue, qu'elles n'accomplissent quelque action honteuse ou ridicule s'il les laissait libres et maîtresses de leurs mouvements. »

C'est ainsi que surgit le double, cet autre indésirable au sein de la personnalité, et menaçant pour l'intégrité du personnage : « On dirait un autre être enfermé en moi, qui veut sans cesse s'échapper, agir malgré moi, qui s'agite, me ronge, m'épuise. Quel est-il ? Je ne sais pas, mais nous sommes deux dans mon pauvre corps, et c'est lui, l'autre, qui est souvent le plus fort (...). » Le moi et son double rebelle sont l'endroit et l'envers d'un être supplicié. Le double semble d'ailleurs faire tout ce qu'il peut pour forcer les limites de sa prison. Ressenti comme autre intériorisé, il voudrait accéder à sa pleine et entière indépendance, mais à l'extérieur du corps et de l'âme. Il veut cesser d'être double, il revendique son autonomie et se pose en autre distinct du sujet.

LE MOI DÉDOUBLÉ

Il arrive que le double s'objective. Dans *Lui ?*, le personnage-narrateur, qui rentre chez lui, croit voir un « ami » endormi devant le feu qui éclaire l'appartement de sa faible lueur. Il s'approche pour le réveiller, s'apprête à lui toucher l'épaule : sa main ne rencontre que le vide ! L'hallucination — car le phénomène est analysé comme tel — se reproduit plusieurs fois et poursuit le personnage, désormais obsédé par le souvenir de l'apparition maléfique : « Il me hante, c'est fou, mais c'est ainsi. Qui, Il ? Je sais bien qu'il n'existe pas, que ce n'est rien ! Il n'existe que dans mon appréhension, que dans ma crainte, que dans mon angoisse ! »

Cet « ami » n'est sans doute autre que le narrateur lui-même, qui semble donc souffrir, tout comme Maupassant, de troubles autoscopiques.

UNE ENTITÉ INNOMMABLE

Quand le moi va plus loin encore dans sa propre dissolution, la présence autre se détache du sujet, acquiert une existence, une forme, devient une entité autonome et monstrueuse qui le menace d'anéantissement. Cette entité ne peut pas être nommée : dans *Sur l'eau*, le narrateur parle d'« êtres étranges » nageant autour de la barque, il utilise aussi le pronom personnel indéfini « on » (« Je me figurais qu'on essayait de monter dans ma barque ») qui renvoie à une forme de vie mystérieuse et hostile (« il me semblait que je me sentirais tiré par les pieds tout au fond de cette eau noire »). Il faut prendre au sens littéral, et non plus figuré, la personnification de l'« Inconnu inexploré » (*Lettre d'un fou*) : elle exprime de façon volontairement maladroite ce qui n'a pas de nom dans la langue, l'impensable, tout ce qui se situe hors de l'expérience et du champ de la connaissance. Le « Horla », dans la célèbre nouvelle, désigne un être inclassable, indicible : absence-présence venue d'ailleurs (le « hors »-« là »), il défie toutes les normes. Par lui, tout devient possible, tous les prodiges. Une carafe d'eau semble s'être vidée toute seule, en l'espace d'une nuit ; une rose se détache de sa tige : « Comme je m'arrêtais à regarder un *géant des batailles*, qui portait trois fleurs magnifiques, je vis, je vis distinctement, tout près de moi,

la tige d'une de ces roses se plier, comme si une main invisible l'eût tordue, puis se casser, comme si cette main l'eût cueillie ! Puis la fleur s'éleva, suivant la courbe qu'aurait décrite un bras en le portant vers une bouche, et elle resta suspendue dans l'air transparent, toute seule, immobile, effrayante tache rouge à trois pas de mes yeux. »
Ce n'est pourtant pas à une simple transgression des lois de la matière que l'on doit ce phénomène étrange. La réalité (surnaturelle) est bien pire : il y a un être invisible qui rôde, « doué par conséquent d'une nature matérielle, bien qu'imperceptible pour nos sens ».

UNE ENTITÉ MENAÇANTE

L'être est ainsi menacé dans sa raison. Face à l'inexplicable, l'édifice mental se craquelle (« Je me demande si je suis fou »). Le journal que constitue *Le Horla* témoigne d'un trouble, d'une confusion extrêmes. A la date du *6 juillet*, par exemple, correspond un bref paragraphe, morcelé, haché, qui multiplie les marques de l'émotion (exclamations, interrogations) : « — Je deviens fou. On a encore bu toute ma carafe cette nuit ; — ou plutôt, je l'ai bue !
« Mais, est-ce moi ? Est-ce moi ? Qui serait-ce ? Qui ? Oh ! mon Dieu ! Je deviens fou ? Qui me sauvera ? »
L'être est également menacé dans sa vie. Le « Horla » est une sorte de vampire qui se nourrit d'eau, de lait, mais aussi de l'être même : « Cette nuit, j'ai senti quelqu'un accroupi sur moi, et qui, sa bouche sur la mienne, buvait ma vie entre mes lèvres. Oui, il la puisait dans ma gorge, comme aurait fait une sangsue. » En même temps, cet être invisible prend possession de l'âme dans laquelle il s'insinue ; le personnage devient le « spectateur esclave et terrifié » de ses actes. Désormais vidé de toute énergie propre tant que s'exerce sur lui la vigilance du monstre, il ne peut que subir ce vouloir étranger. Il est au sens propre du terme aliéné. De cette dépossession de soi, la scène de la glace est la preuve : le « Horla » s'interpose entre le miroir et le personnage, dont le reflet est ainsi confisqué. Vertige du « verre limpide du haut en bas »... Ne pas voir son reflet, ne voir que le vide, c'est-à-dire l'étranger invisible, témoigne de l'anéantissement de l'être qui n'EST pas puisque le miroir ne capte plus son image, et manifeste la victoire de cet Autre monstrueux, sorte d'Antéchrist appelé à détruire le personnage et l'humanité tout entière. « Il est venu, Celui que redoutaient les premières terreurs des peuples naïfs, Celui qu'exorcisaient les prêtres inquiets (...) » : prophétie apocalyptique d'un temps où le « Horla » fera de l'homme ce que l'homme a fait des animaux.

■ *Causée par un événement extérieur ou inscrite au cœur même de la personnalité à titre de caractéristique permanente, la division du moi fait de la vie du personnage un enfer. Condamné à se haïr et à se fuir, il ne trouve aucun allègement à sa souffrance. La parole, qui lui permet de se confier et de prendre en charge son histoire, ne constitue qu'un remède provisoire.*
Ainsi traversée par cette présence autre

qui fait perdre à l'être jusqu'à la conscience de son existence, l'œuvre de Maupassant inscrit la marque d'une dépossession de soi porteuse de folie et de mort. Intérieure (scission du moi) ou extérieure (moi aliéné), l'altérité est toujours dangereuse, et pas seulement dans les récits fantastiques : Pierre et Jean, frères ennemis, sont là pour en témoigner.

DOCUMENT

PSYCHANALYSE ET FANTASTIQUE

Maupassant s'est beaucoup intéressé aux recherches de Charcot sur l'hypnotisme. Il suit ses leçons à la Salpêtrière, de 1884 à 1886. Une conception nouvelle de l'homme lentement s'élabore, qui ruine définitivement le dualisme classique de l'âme et du corps, et débouche sur la découverte de l'inconscient et l'avènement de la psychanalyse.

Il y a une catégorie de malades que je voudrais bien interroger devant vous, mais je n'aime pas beaucoup le faire, parce qu'ils sont insupportables, et, cependant, ils forment la grande majorité des névropathes que je vois en ville. Ce sont les neurasthéniques. Ils rédigent des mémoires sur leur affection, ils se présentent à vous avec un cahier à la main en vous disant qu'ils ont préparé des notes, que la lecture n'en sera pas longue, et le plus souvent elle n'en finit pas.

Un malade est introduit ; il a, en effet, à la main des notes qu'il présente à M. Charcot.

M. CHARCOT : Vous étiez employé de bureau à Limoges, quel âge avez-vous ?

Le malade : Vingt-neuf ans.

M. CHARCOT : Comment se fait-il que vous soyez venu de Limoges à Paris ?

Le malade : J'ai eu l'occasion de venir à Paris.

M. CHARCOT : Vous êtes très éprouvé par votre maladie ?

Le malade : Elle ne m'empêche pas de travailler.

M. CHARCOT, parcourant le manuscrit : « Symptômes ressentis pendant le mois de juillet, lourdeur de tête... » (Au malade :) A quel endroit de la tête ?

Le malade : Au cervelet.

M. CHARCOT : Remarquez qu'il a dit lourdeur et non pas douleurs.

Le malade : Quand je monte un escalier, il me semble que j'ai des picotements dans le cervelet. Je ressens une sorte de pression autour du crâne ; quelquefois, elle monte et cela me tient dans les yeux.

M. CHARCOT : C'est ce que nous appelons le casque, on distingue la partie postérieure du casque, le sommet du casque, et quelquefois, lorsqu'il est bien complet, la visière. Le malade n'a alors de libre que la face. Il ressent sur toutes les parties atteintes un sentiment de pression et c'est une sensation extrêmement pénible. Aussi, si on peut dire que ces malheureux neurasthéniques sont assommants, il faut bien reconnaître aussi qu'ils sont assommés. (Au malade :) Êtes-vous marié ?

Le malade : Oui, Monsieur.

M. CHARCOT : Que deviennent chez vous les fonctions sexuelles ?

Le malade : Elles sont affaiblies.

M. CHARCOT : C'est un cas fréquent, en général, les neurasthéniques sont atteints de faiblesse sexuelle ; il peut arriver qu'ils aient des pertes séminales involontaires, cependant ce n'est pas un phénomène essentiel de la maladie ; dans le coït, l'émission séminale est trop prompte. (Au malade :) Vous avez la tête vide ? Quand vous travaillez, les idées ne viennent pas ?

Le malade : J'ai la tête lourde seulement.

M. CHARCOT : Quel est votre genre de travail ? Vous êtes dans un bureau, qu'y faites-vous ?

Le malade : Des écritures, quelquefois des chiffres.

M. CHARCOT : Quand vous calculez, cela vous fatigue.

Il y a de ces neurasthéniques qui croient avoir un ramollissement cérébral. En général, en fait de sensation pénible, c'est toujours de pression ou de lourdeur de tête qu'ils parlent (...) (2e leçon).

D'après Leçons du mardi à la Salpêtrière, *de J.-M. Charcot, in* Les classiques de la psychologie, *CEPL, 1974.*

L'EXPÉRIENCE VÉCUE

L'ARTISTE

■ **LE FANTASTIQUE**

LE PESSIMISME

LE DÉDOUBLEMENT

Le narrateur souhaite voir l'être invisible qui le hante. Il le prend au piège du miroir, en interposant entre son propre corps et la glace le corps, si l'on peut dire, de la créature, dont l'existence semble ainsi entrer dans l'ordre du réel.

Donc, je faisais semblant d'écrire, pour le tromper car il m'épiait lui aussi ; et soudain, je sentis, je fus certain qu'il lisait par-dessus mon épaule, qu'il était là, frôlant mon oreille.

Je me dressai, les mains tendues, en me tournant si vite que je faillis tomber. Eh bien ?... on y voyait comme en plein jour, et je ne me vis pas dans ma glace !... Elle était vide, claire profonde, pleine de lumière ! Mon image n'était pas dedans... et j'étais en face, moi ! Je voyais le grand verre limpide du haut en bas. Et je regardais cela avec des yeux affolés ; et je n'osais plus avancer, je n'osais plus faire un mouvement, sentant bien pourtant qu'il était là, mais qu'il m'échapperait encore, lui dont le corps imperceptible avait dévoré mon reflet.

Comme j'eus peur ! Puis voilà que tout à coup je commençai à m'apercevoir dans une brume, au fond du miroir, dans une brume comme à travers une nappe d'eau ; et il me semblait que cette eau glissait de gauche à droite, lentement, rendant plus précise mon image, de seconde en seconde. C'était comme la fin d'une éclipse. Ce qui me cachait ne paraissait point posséder de contours nettement arrêtés, mais une sorte de transparence opaque, s'éclaircissant peu à peu.

Le Horla

1. UNE ÉMOTION INTENSE

Plusieurs faits montrent que le narrateur est en proie à une émotion extraordinaire. On peut noter les interrogations et les exclamations (« Eh bien ? », « Comme j'eus peur ! »), le redoublement du sujet grâce à la forme tonique du pronom de première personne (« j'étais en face, moi ! »), les répétitions insistantes (conjonction « et » : « et j'étais en face », « Et je regardais cela », « et je n'osais plus avancer ») et les termes intensifs (l'adverbe « comme » employé dans le sens de « combien »). Tout près de la révélation, le narrateur ne peut dissimuler une surexcitation que traduit également le lexique (« affolés »). Il y a un décalage entre sa lucidité (le piège, les simulacres auxquels il se livre, et qui témoignent d'une intention, d'une volonté : « je faisais semblant d'écrire, pour le tromper ») et l'état émotif dans lequel il se trouve et qui confine à la folie.

2. UN ÉPISODE SINGULIER

Le discours du fantastique est celui d'une impossibilité, qu'énonce la phrase « on y voyait comme en plein jour, et je ne me vis pas dans ma glace ! ». Fondée sur une antithèse, celle-ci met en évidence le scandale logique et confronte le réel (« on y voyait comme en plein jour ») à ce qui semble relever du surnaturel (ne pas voir son propre reflet).
Il faut donc que le Horla se soit interposé entre la glace et le narrateur. Le « il » mystérieux qui désigne le vampire se trouve donc matérialisé, dans certaines limites cependant. En effet, le caractère indicible de cet être subsiste : utiliser le terme « vide », c'est montrer une fois encore qu'on ne saurait nommer ni définir le Horla, dont le « corps » « [dévore] le reflet » du narrateur sans pour autant devenir perceptible. A la fin du passage cependant, le narrateur croit enfin voir quelque chose, mais qui reste indéfinissable, qui ne peut être pensé que par approximation et comparaison (« dans une brume comme à travers une nappe d'eau », « cette eau », « une sorte de »). La dernière expression choisie pour désigner le monstre prolonge le défi à la raison : comment admettre l'existence d'une « transparence opaque » ? Cet oxymore traduit l'impossibilité de penser la créature venue de l'au-delà.

■ *Cet épisode correspond pour le narrateur à un paroxysme de l'horreur, dans la mesure où voir le Horla équivaut à ne plus se voir soi. L'absence de reflet est la preuve que l'on a perdu son identité, que l'on est aliéné, à la limite que l'on n'existe plus vraiment. Le piège se referme donc sur le narrateur en témoignant de l'impossibilité de la contemplation narcissique. Privé un instant de son reflet, il entre dans le vertige du néant.*

> « Il me hante, c'est fou, mais c'est ainsi. [...] Mais si nous étions deux chez moi, je sens, oui, je sens assurément, qu'il n'y serait plus. »
>
> *Lui ?*

L'EAU

Toujours porteuse d'une charge affective très forte, l'eau traduit l'ambivalence d'un être pour qui toute chose est réversible : à l'eau bienfaisante, voire attirante, s'oppose une eau noire et maléfique, liée à la folie et à la mort.

UN ÉLÉMENT SÉDUISANT

L'eau représente une possibilité d'évasion. Dans *Pierre et Jean*, la mer est associée à des envies de départ pour des pays lointains : « On attendait des steamers du Brésil, de la Plata, du Chili et du Japon, deux bricks danois, une goélette norvégienne et un vapeur turc (...). » Les noms de pays et les adjectifs de nationalité, au pouvoir évocateur, suscitent l'image d'un ailleurs en opposition avec le cadre familial dans lequel étouffe le personnage. Cet ailleurs est parfois celui du rêve et du merveilleux. Sous l'eau s'étend un paysage presque surnaturel : « nous glissions sur des forêts surprenantes d'herbes rousses, roses, vertes, jaunes. Entre elles et nous une glace admirablement transparente, une glace liquide, presque invisible, les rendait féeriques, les reculait dans un rêve » (*Un soir*). La surface transparente est donc ce seuil au-delà duquel on entre dans un autre monde.

Libératrice, l'eau permet ainsi une certaine euphorie, une ivresse du corps et des sens qui n'est pas seulement liée à la découverte émerveillée des splendeurs sous-marines. L'eau signifie aussi une affirmation de maîtrise quand on conduit soi-même son embarcation, et l'aisance du bateau glissant sur les vagues : « Pendant trois heures, Pierre, tranquille, calme et content, vagabonda sur l'eau frémissante, gouvernant, comme une bête ailée, rapide et docile, cette chose de bois et de toile qui allait et venait à son caprice, sous une pression de ses doigts » (*Pierre et Jean*). Le milieu liquide est assimilé à l'air, parce que le déplacement sur l'eau correspond ici à un apaisement du trouble intérieur, à un allègement de l'être brusquement délivré de ses obsessions. En même temps, comme la rêverie aquatique fait intervenir les sensations et donc le corps propre du personnage ou du narrateur, il n'est pas étonnant que l'élément soit étroitement associé au désir et participe d'une érotisation diffuse qui englobe les personnages et la nature. On peut lire dans *Une partie de campagne* : « La jeune fille (...) se laissait aller à la douceur d'être sur l'eau. Elle se sentait prise d'un renoncement de pensée, d'une quiétude de ses membres, d'un abandonnement d'elle-même, comme envahie par une ivresse multiple (...). Un besoin vague de jouissance, une fermentation du sang parcouraient sa chair excitée par les ardeurs du jour ; et elle était aussi troublée dans ce tête-à-tête sur l'eau, au milieu de ce pays dépeuplé par l'incendie du ciel, avec ce jeune homme qui la trouvait belle, dont l'œil lui baisait la peau, et dont le désir était pénétrant comme le soleil. » La « jeune fille » s'abandonne au mouvement de la barque comme elle s'abandonnera aux caresses de son amant. L'eau signifie l'acquiescement au désir.

UN ÉLÉMENT HOSTILE

Cependant, l'amour de l'eau (« J'aime l'eau d'une passion désordonnée », confie le narrateur d'*Amour*) se retourne en peur, et le rêve en cauchemar. L'univers sous-marin, si beau soit-il, est néanmoins singulier : « Des rêveurs prétendent que la mer cache (...) d'immenses pays bleuâtres, où les noyés roulent parmi les grands poissons, au milieu d'étranges forêts et dans des grottes de cristal » (*Sur l'eau*). La rivière, quant à elle, est franchement inquiétante. Elle représente l'impossibilité du reflet et de la transparence, puisqu'elle « n'a que des profondeurs noires où l'on pourrit dans la vase » (*ibidem*). Ces profondeurs sont maléfiques. Associées à la mort, elles sont gouffre et tombeau (*ibid.*). Il n'est pas rare de les voir accueillir ou transporter des cadavres : ainsi, dans *Sur l'eau*, on repêche le corps d'une suicidée, tandis que dans *Mademoiselle Cocotte*, la Seine charrie une « énorme bête en putréfaction ». François, en train de nager dans le fleuve, découvre avec horreur qu'il s'agit de Cocotte, la chienne qu'il a noyée sur l'ordre de ses maîtres. Avec une ironie macabre, le narrateur note que la « chienne morte avait retrouvé son maître à soixante lieues de leur maison ! ». Porteuse de mort (voir aussi *Le Horla*), l'eau poursuit son œuvre de destruction sur la personne même de celui qui voit la mort : « Il [François] poussa un cri épouvantable », et « se sauva éperdu, tout nu, par la campagne. Il était fou ! ».

■ *Une fois encore se vérifie la phrase que Maupassant applique à la nuit dans la nouvelle qui porte ce titre : « Ce qu'on aime avec violence finit toujours par vous tuer. » L'eau, qui incarne à la fois la vie et la mort, est associée au désir mais aussi à la folie. Salvatrice, elle peut également se transformer en tombeau. Ce dualisme trouve son origine dans l'être maupassantien, dont l'identité oscille entre des pôles opposés et inconciliables.*

L'ÉLÉMENT TRANSITOIRE

On ne se baigne pas deux fois dans un même fleuve, parce que, déjà, dans sa profondeur, l'être humain a le destin de l'eau qui coule. L'eau est vraiment l'élément transitoire. Il est la métamorphose ontologique essentielle entre le feu et la terre. L'être voué à l'eau est un être en vertige. Il meurt à chaque minute, sans cesse quelque chose de sa substance s'écroule. La mort quotidienne n'est pas la mort exubérante du feu qui perce le ciel de ses flèches ; la mort quotidienne est la mort de l'eau. L'eau coule toujours, l'eau tombe toujours, elle finit toujours en sa mort horizontale.

Bachelard, L'Eau et les rêves, *José Corti, 1942.*

DOCUMENT

La terre est bornée pour le pêcheur, et dans l'ombre, quand il n'y a pas de lune, la rivière est illimitée. Un marin n'éprouve point la même chose pour la mer. Elle est souvent dure et méchante c'est vrai, mais elle crie, elle hurle, elle est loyale, la grande mer ; tandis que la rivière est silencieuse et perfide. Elle ne gronde pas, elle coule toujours sans bruit, et ce mouvement éternel de l'eau qui coule est plus effrayant pour moi que les hautes vagues de l'Océan.
Des rêveurs prétendent que la mer cache dans son sein d'immenses pays bleuâtres, où les noyés roulent parmi les grands poissons, au milieu d'étranges forêts et dans des grottes de cristal. La rivière n'a que des profondeurs noires où l'on pourrit dans la vase. Elle est belle pourtant quand elle brille au soleil levant et qu'elle clapote doucement entre ses berges couvertes de roseaux qui murmurent.
Le poète a dit en parlant de l'Océan :

Ô flots, que vous savez de lugubres histoires !
Flots profonds, redoutés des mères à genoux,
Vous vous les racontez en montant les marées
Et c'est ce qui vous fait ces voix désespérées
Que vous avez, le soir, quand vous venez vers nous.

Eh bien, je crois que les histoires chuchotées par les roseaux minces avec leurs petites voix si douces doivent être encore plus sinistres que les drames lugubres racontés par les hurlements des vagues.

Guy de Maupassant, Sur l'eau.

DOCUMENT

J'aime l'eau d'une passion désordonnée : la mer, bien que trop grande, trop remuante, impossible à posséder, les rivières si jolies mais qui passent, qui fuient, qui s'en vont, et les marais surtout où palpite toute l'existence inconnue des bêtes aquatiques. Le marais, c'est un monde entier sur la terre, monde différent, qui a sa vie propre, ses habitants sédentaires, et ses voyageurs de passage, ses voix, ses bruits et son mystère surtout. Rien n'est plus troublant, plus inquiétant, plus effrayant, parfois, qu'un marécage. Pourquoi cette peur qui plane sur ces plaines basses couvertes d'eau ? Sont-ce les vagues rumeurs des roseaux, les étranges feux follets, le silence profond qui les enveloppe dans les nuits calmes, ou bien les brumes bizarres, qui traînent sur les joncs comme des robes de mortes, ou bien encore l'imperceptible clapotement, si léger, si doux, et plus terrifiant parfois que le canon des hommes ou que le tonnerre du ciel, qui fait ressembler les marais à des pays de rêve, à des pays redoutables, cachant un secret inconnaissable et dangereux.

Non. Autre chose s'en dégage, un autre mystère, plus profond, plus grave, flotte dans les brouillards épais, le mystère même de la création peut-être ! Car n'est-ce pas dans l'eau stagnante et fangeuse, dans la lourde humidité des terres mouillées sous la chaleur du soleil, que remua, que vibra, que s'ouvrit au jour le premier germe de vie ?

Guy de Maupassant, Amour, *recueilli dans* Le Horla.

LE MAL

La condition humaine, tragique, est gouvernée par un déterminisme qui condamne à la souffrance. Le Dieu de Maupassant n'aime pas ses créatures. Profondément méchant, il use de sa toute-puissance pour les écraser et jouir de leur faiblesse.

LES INFLUENCES LITTÉRAIRES ET PHILOSOPHIQUES

Maupassant a été influencé par Flaubert, romancier de l'échec et des illusions perdues. Son premier roman, *Une vie*, évoque la faillite d'une existence, et n'est pas sans rappeler *Madame Bovary* ou *L'Éducation sentimentale*. Ainsi, la fréquentation du maître de Croisset a sans aucun doute largement contribué à alimenter le pessimisme de l'écrivain.

Par ailleurs, il faut mentionner une influence philosophique importante. Très tôt, Maupassant est un lecteur assidu du philosophe allemand Schopenhauer (1798-1860), dont les œuvres traduites en français connaissent un grand succès à partir de 1860. La traduction parue en 1888 du *Monde comme volonté et comme représentation* (1819) vulgarise le pessimisme foncier de cette philosophie, les tendances contemplatives, le vocabulaire et les mythes empruntés aux religions de l'Inde, en particulier au bouddhisme, vue comme une religion de la douleur et du renoncement. En particulier, la vision de la femme et du féminin, telle qu'elle s'exprime chez Maupassant, est tributaire des conceptions schopenhauériennes, marquées par une profonde misogynie qui fait de la femme une créature inférieure, les seules qualités que le philosophe lui reconnaisse étant le dévouement ou l'abnégation. Cependant, Maupassant n'est influencé par ces œuvres que dans la mesure où il trouve en elles une justification à son propre pessimisme, qui leur préexiste.

CRUAUTÉ DE DIEU ET OMNIPRÉSENCE DU MAL

L'indifférence et la cruauté du Créateur sont un motif récurrent de l'œuvre. Dans *Moiron*, Dieu se rit de la douleur des hommes, qu'il a lui-même provoquée : les hommes, les animaux, « tout ça s'entre-tue, s'entre-chasse, s'entre-dévore, et meurt sans cesse. Et le bon Dieu regarde et il s'amuse, car il voit tout, lui, les plus grands comme les plus petits, ceux qui sont dans les gouttes d'eau et ceux des autres étoiles. Il les regarde et il s'amuse. — Canaille, va ! ». Dieu méprise ses créatures, comme en témoigne l'emploi réifiant du pronom indéfini neutre permettant de reprendre les termes de l'énumération (« tout ça »). Les hommes sont d'ailleurs placés sur le même plan que les animaux, ce qui tend à déshumaniser l'être humain pour l'assimiler à une bête dominée par ses instincts de meurtre

(« s'entre-tue, s'entre-chasse, s'entre-dévore »). Certes, Moiron est déséquilibré, mais ce genre de propos n'est pas réservé aux fous ou aux maniaques. On le rencontre aussi chez des personnages banals, lassés de tout, désespérés, chez tous « ceux qui, faibles, harcelés par la malchance, ayant perdu les êtres aimés, réveillés du rêve d'une récompense tardive, de l'illusion d'une autre existence où Dieu serait juste enfin, après avoir été féroce, et désabusés des mirages du bonheur, en ont assez et veulent finir ce drame sans trêve ou cette honteuse comédie » (*L'Endormeuse*). Dieu est donc mis en accusation. La « providence ment, triche, vole, trompe les humains comme un simple député ses électeurs » (*Ibid.*) : Dieu, figure de la mystification, capture les êtres humains au piège de l'espérance et se moque d'eux, prenant un malin plaisir à contempler d'en haut les misères du monde.
C'est ainsi qu'il met les hommes face à l'odieuse réalité des guerres, du meurtre, de la désunion et de la mésentente familiales. Les hommes se livrent des combats sans merci, légitimés par l'institution (c'est la guerre, assimilée à un meurtre légal), ils se tuent pour satisfaire les pulsions de mort. Quant au couple, il ne réussit pas à faire vivre l'amour : les êtres ne peuvent communiquer, ils se mentent, se trompent, se torturent. Par ailleurs, si l'individu a tout à craindre du monde extérieur et d'autrui, le pire ennemi, c'est encore lui-même : il s'ennuie, à cause de la répétition monotone des mêmes gestes (c'est la « nausée des habitudes et la noire mélancolie de vivre ainsi » dont parle *Suicides*). Il est la proie de l'angoisse (peur de soi ou peur de la peur dans *Un fou ?* et *Lui ?*), ou prisonnier d'états extrêmes qui confinent à la folie.

■ *Inscrit au cœur de l'homme et du monde, le Mal triomphe partout. Le Dieu de Maupassant fait songer aux personnages de Sade bien plus qu'il n'évoque le Dieu de la religion. Voyeur et pervers, il se joue des hommes dont il fait ses marionnettes. S'il représente un modèle, c'est paradoxalement un modèle satanique : il est Celui qui détruit. Les assassins s'en souviendront.*

LA BÊTE SAUVAGE

Il y a ainsi réellement dans le cœur de chacun une bête sauvage, qui ne guette que l'occasion pour se démener et se déchaîner, en faisant du mal aux autres, et qui, s'ils lui barrent la route, voudrait les anéantir : c'est elle justement qui fait naître tout le plaisir du combat et de la guerre, elle justement que la connaissance, le gardien qui lui est adjoint, a constamment la lourde tâche de dompter et de contenir dans une certaine mesure. On peut bien l'appeler le mal radical : cette appellation sera utile à ceux pour qui un mot remplace une explication. Mais moi, je dis : c'est la volonté de vivre qui, de plus en plus aigrie par la souffrance perpétuelle de l'existence, cherche à apaiser son propre tourment en faisant souffrir les autres.

Schopenhauer, Le Sens du destin, *Vrin, 1988.*

LA CRITIQUE SOCIALE

Bel-Ami décide sur les conseils de Madeleine Forestier de faire sa cour à Mme Walter. Invité par la femme du banquier, il est reçu boulevard Malesherbes où il assiste à une véritable « comédie mondaine ».

On s'était tu. Une des femmes se remit à parler. Il s'agissait du froid qui devenait violent, pas assez cependant pour arrêter l'épidémie de fièvre typhoïde ni pour permettre de patiner. Et chacune donna son avis sur cette entrée en scène de la gelée à Paris ; puis elles exprimèrent leurs préférences dans les saisons, avec toutes les raisons banales qui traînent dans les esprits comme la poussière dans les appartements.

Un bruit léger de porte fit retourner la tête de Duroy, et il aperçut, à travers deux glaces sans tain, une grosse dame qui s'en venait. Dès qu'elle apparut dans le boudoir une des visiteuses se leva, serra les mains, puis partit ; et le jeune homme suivit du regard, par les autres salons, son dos noir où brillaient des perles de jais.

Quand l'agitation de ce changement de personnes se fut calmée, on parla spontanément, sans transition, de la question du Maroc et de la guerre en Orient, et aussi des embarras de l'Angleterre à l'extrémité de l'Afrique.

Ces dames discutaient ces choses de mémoire, comme si elles eussent récité une comédie mondaine et convenable, répétée bien souvent.

Bel-Ami

1. LE NARRATEUR ET SON PERSONNAGE

Bel-Ami est réduit au silence : il n'est jamais le sujet d'un verbe de parole. Le pronom personnel « on » (« on parla ») englobe les amies de Mme Walter en excluant Bel-Ami, comme le prouve la reprise par « Ces dames » au paragraphe suivant. Il n'est qu'un regard (« il aperçut », il « suivit du regard »).
Ce milieu l'attire, comme l'attirent les femmes. Il semble fasciné par le « dos noir où brillaient des perles de jais » : la thématique de l'éclat et du luxe, étroitement associée au féminin, suggère l'équivalence entre la femme et l'argent ainsi érotisés l'un par l'autre.

2. LA CRITIQUE DU NARRATEUR

Le narrateur ne juge pas son personnage. En revanche, il critique ouvertement ces femmes qui jouent une « comédie » absurde et superficielle qui témoigne de leur manque d'intelligence.
Le manège des entrées et des sorties, dont les motivations restent cachées, tend à assimiler les personnages à des marionnettes (« une grosse dame [...] s'en venait » / « Dès qu'elle apparut [...] une des visiteuses se leva »). Les propos sont incohérents dans leur enchaînement (« sans transition ») comme dans leur contenu (l'« épidémie » est mise sur le même plan que le patinage). Ils manquent également de profondeur, soit qu'une même phrase énumère divers sujets de conversation dont chacun mériterait un ample développement (« on parla [...] de la question du Maroc [...] et aussi des embarras de l'Angleterre »), soit que ces sujets se signalent par leur banalité (propos tenus sur les « saisons »). Il s'agit en fait de parler pour parler, les sujets de conversation se valent tous, de la même façon que les visiteuses sont interchangeables. Parler se trouve d'ailleurs réduit dans le dernier paragraphe à un simple exercice de mémoire (« de mémoire », « récité », « répétée »), alors même que le texte multiplie les termes appartenant au champ lexical de la parole. Parler, c'est non seulement ne rien dire, mais encore ne rien dire qui n'ait déjà été dit, comme en témoigne l'analogie dépréciative assimilant les « raisons banales qui traînent dans les esprits » à la « poussière » des « appartements ».

■ *Amorce narrative préfigurant l'enrichissement de Bel-Ami grâce aux profits tirés de l'affaire marocaine, ce passage possède donc une fonction dramatique. Il revêt aussi une finalité critique puisqu'il dénonce une classe sociale égoïste, qui met sur le même plan son plaisir et la souffrance des autres (« épidémie » et patinage), et dont le manque d'intelligence n'est par conséquent pas même compensé par la générosité.*

LA MONDANITÉ

Olivier Bertin se promène au parc Monceau en compagnie d'Annette, la fille de sa maîtresse. La description du lieu, en relation étroite avec ce personnage de peintre et de mondain, est emblématique d'une classe sociale.

Il fait chaud, les tourterelles roucoulent dans les feuillages et voisinent de cime en cime, tandis que les moineaux se baignent dans l'arc-en-ciel dont le soleil enlumine la poussière d'eau des arrosages égrenée sur l'herbe fine. Sur leurs socles, les statues blanches semblent heureuses dans cette fraîcheur verte. Un jeune garçon de marbre retire de son pied une épine introuvable, comme s'il s'était piqué tout à l'heure en courant après la Diane qui fuit là-bas vers le petit lac emprisonné dans les bosquets où s'abrite la ruine d'un temple.

D'autres statues s'embrassent, amoureuses et froides, au bord des massifs, ou bien rêvent, un genou dans la main. Une cascade écume et roule sur de jolis rochers. Un arbre, tronqué comme une colonne, porte un lierre ; un tombeau porte une inscription. Les fûts de pierre dressés sur les gazons ne rappellent guère plus l'Acropole que cet élégant petit parc ne rappelle les forêts sauvages.

C'est l'endroit artificiel et charmant où les gens de ville vont contempler des fleurs élevées en des serres, et admirer, comme on admire au théâtre, le spectacle de la vie, cette aimable représentation que donne, en plein Paris, la belle nature.

Fort comme la mort

1. UN UNIVERS ARTIFICIEL

Le parc est un microcosme dans lequel tout est fabriqué : « C'est l'endroit artificiel et charmant où les gens de ville vont contempler des fleurs élevées en des serres ». La nature imite l'art (« jolis rochers », « élégant petit parc »), tout comme l'art, représenté ici par les statues, imite la nature et la vie (« Un jeune garçon de marbre retire de son pied une épine introuvable », « D'autres statues s'embrassent »), ou s'imite lui-même, puisqu'il reprend des modèles déjà éprouvés, tant sur le plan des sujets (sujets mythologiques : « Diane ») que sur celui du style (« ruines d'un temple grec », mention de « l'Acropole »). Tout est faux dans cet univers. Le simulacre est d'ailleurs dénoncé comme tel par les modalisateurs (« semblent heureuses »), les comparatives hypothétiques (« comme s'il s'était piqué tout à l'heure »), les oxymores (« garçon de marbre »), les antithèses (« amoureuses et froides ») et par l'intrusion du narrateur à la fin du deuxième paragraphe.

2. FONCTION SYMBOLIQUE DE LA DESCRIPTION

Cette nature artificielle reflète le milieu aristocratique et mondain, comme le souligne l'analogie avec le « théâtre ». Elle se donne en « spectacle », tout comme la société mondaine dont elle est la représentation figurée.

Elle incarne aussi la dégradation des valeurs artistiques, en prônant une esthétique raffinée, mièvre, académique, qui gomme tout aspect sauvage : c'est sans doute le sens de l'expression ironique de « belle nature », témoignant de la disparition de la spontanéité et de la violence de l'instinct sous le vernis de la civilisation. Or, Olivier Bertin est un peintre de salon, qui a gâché son originalité en sacrifiant au bon goût de son public mondain « sa voie » et ses « convictions ».

L'ironie est visible également dans les parallélismes appuyés (« statues blanches », « fraîcheur verte »), et surtout dans le caractère convenu de l'évocation : dans cet univers factive, le « jeune garçon » ne peut que « [courir] après [une] Diane », les « statues » posent de façon maniérée, « un genou dans la main », et les « tourterelles roucoulent ».

Cette ironie est à mettre au compte du narrateur plus que du personnage. Quelques lignes après notre passage, il est dit, en effet, que Bertin « venait presque chaque jour en ce lieu préféré ». Or, elle est ambiguë : le lieu est séduisant, comme le montrent certaines notations mélioratives concernant les jeux d'eau et de lumière, mais dangereux. Il fait triompher l'artifice aux dépens du naturel, il fige aussi l'élan vital dans une atemporalité mortifère.

■ *Il existe donc un lien très étroit entre les personnages et le décor dans lequel ils évoluent. Le parc est l'équivalent naturel et végétal de la société mondaine, dont il possède les qualités et les défauts : la grâce et la beauté, toutes deux gâtées par un excès d'artifice. La description, en apparence méliorative, trahit le jugement négatif du narrateur et son ironie vis-à-vis d'un monde brillant mais factice.*

LE DIVERTISSEMENT

Profondément pessimiste, Maupassant voit dans l'homme un être faible et malheureux qui cherche des remèdes à sa misère, palliatifs dérisoires : « Nous sommes les jouets éternels d'illusions stupides et charmantes toujours renouvelées. »

ÉCHEC DE L'AMOUR

L'amour est une de ces « illusions ». Croit-on l'idéal atteint, il se dérobe. Ainsi, le narrateur de *Lettre trouvée sur un noyé* fait état de sa déception quand, sur le point de « baiser le rêve devenu femme, baiser l'idéal descendu dans la chair humaine », il entend un « Vous avez une chenille dans les cheveux ! » qui le ramène à une réalité bien prosaïque ! Même si l'amour est vécu dans la plénitude de la présence, il ne permet de toute façon pas d'échapper à la solitude : « Elle et moi, nous n'allons plus faire qu'un, tout à l'heure, semble-t-il ? Mais ce tout à l'heure n'arrive jamais, et, après des semaines d'attente, d'espérance et de joie trompeuse, je me retrouve tout à coup, un jour, plus seul que je ne l'avais encore été. / Après chaque baiser, après chaque étreinte, l'isolement s'agrandit » (*Solitude*).

LIMITES DE LA SCIENCE

La science ne peut non plus constituer un refuge véritable. Toutes les connaissances sont fragiles, sans cesse remises en question. L'homme, entouré d'Inconnu et d'Inexploré (*Lettre d'un fou*), ne peut dissiper totalement le mystère du monde et ne peut satisfaire sa soif d'un savoir total et définitif.

IMPUISSANCE DE L'ART

L'art est lui-même source de souffrances. Véritable bourreau, il torture Bertin dans *Fort comme la mort* en le confrontant à la toile blanche, au dessin inachevé, à tout ce qui participe de l'impossibilité de créer. À supposer même que s'éloigne cette hantise de l'impuissance, la préface de *Pierre et Jean* est là pour dire l'impossibilité de l'originalité absolue : « Que reste-t-il à faire qui n'ait été fait ? Que reste-t-il qui n'ait été dit ? Qui peut se vanter parmi nous d'avoir écrit une page, une phrase qui ne se trouve déjà, à peu près pareille quelque part ? ». Vanité de l'art et de la littérature.

SÉDUCTION TROMPEUSE DU VOYAGE

Le voyage ne peut pas non plus constituer un remède satisfaisant au malheur inhérent à la condition humaine. Certes, il apporte avec lui les splendeurs de l'exotisme. Dans *Châli*, l'amiral de la Vallée fait part de l'enchantement qu'il a éprouvé lors d'un voyage en Inde effectué quand il avait trente ans. Son expérience est à peine de l'ordre du dicible, comme en témoignent les termes à valeur superlative ou hyperbolique : « Je traversai des contrées invraisemblablement magnifiques ; je fus reçu par des princes d'une beauté surhumaine et vivant dans une incroyable magnificence. » Cette expérience l'a conduit aux confins du réel et du rêve (« Il me sembla pendant deux mois [...] que je parcourais un royaume de féeries sur le dos d'éléphants imaginaires ») et a donné à ces moments passés loin de son pays la perfection d'une œuvre d'art : « Je marchais dans un poème. » Le voyage a aussi coïncidé avec l'épanouissement de la sensualité et du désir, sur un plan réel (l'amour qu'il a connu avec une jeune Indienne), mais aussi sur un plan métaphorique, puisque là-bas, même les « monuments » sont « d'une grâce telle qu'on devient amoureux de leurs formes ainsi qu'on peut être amoureux d'une femme ». Cette euphorie liée au voyage, on la retrouve dans une chronique de 1887 (*De Paris à Heyst*), qui relate le voyage de l'auteur à bord d'un ballon baptisé « Le Horla ». L'être se

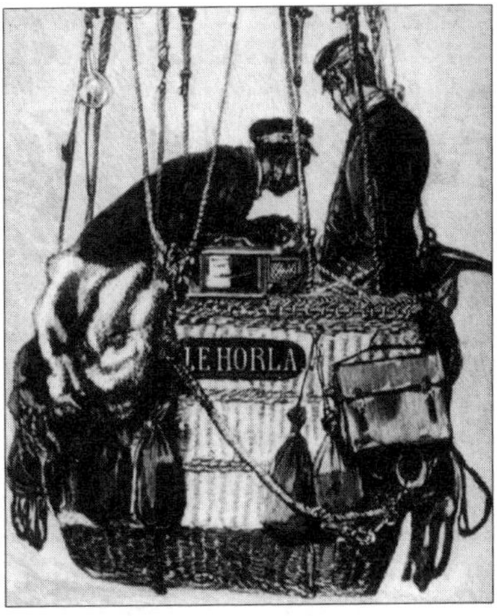

« L'être se vaporise, devient léger comme l'air ».

vaporise, devient léger comme l'air, tandis qu'un bien-être « fait de nonchalance, de repos infini, d'oubli, d'indifférence » l'envahit. Devenu « quelque chose d'inexprimable », semblable à un « [oiseau] qui [n'a] pas même la peine de battre de l'aile », l'auteur connaît un moment de félicité absolue.

Cependant, le bonheur éprouvé n'est pas sans ambiguïté : n'est-il pas proche d'un engourdissement létal ? Maupassant note que « tout souvenir a disparu de [son âme] », il est sans « projets », ni « espérances », et comme anesthésié : « On ne sent plus la chair, on ne sent plus les os, on ne sent plus palpiter le cœur. » Quant au voyage relaté dans *Châli*, il met aussi le narrateur face à la mort : le prince qui comble l'amiral de ses présents est un homme cruel qui se repaît de spectacles sanglants, et qui fait exécuter Châli sans aucune pitié. Le plus souvent, le voyage enferme le voyageur (la mer finit par représenter une prison dans *Pierre et Jean*) et ne fait que renvoyer l'homme à sa solitude : « J'ai tenté de voyager ? L'isolement qu'on éprouve en des lieux inconnus m'a fait peur. Je me suis senti tellement seul sur la terre, et si petit, que j'ai bien vite repris la route de chez moi » (*Suicides*).

■ *Ainsi, l'homme est livré à lui-même sans espoir de salut. Les issues traditionnelles (art, savoir...) s'avèrent inefficaces. Aussi bien, dans cet univers profondément négateur, les connotations attachées à tel ou tel motif, quand elles sont positives, ne le restent pas souvent. Tout se passe comme si l'écriture accomplissait sur elle-même un travail de gommage et de néantisation.*

L'HYPOCRISIE

Le lendemain du dîner chez les Walter, Bel-Ami, à qui tout sourit désormais, se rend au Bois de Boulogne où il observe avec cynisme le défilé des cavaliers, célébrités parisiennes dont l'existence scandaleuse n'est pas sans le réjouir.

D'autres, fort célèbres, vivaient uniquement des rentes de leurs femmes, c'était connu, d'autres des rentes de leurs maîtresses, on l'affirmait. Beaucoup avaient payé leurs dettes (acte honorable), sans qu'on eût jamais deviné d'où leur était venu l'argent nécessaire (mystère bien louche). Il vit des hommes de finance dont l'immense fortune avait un vol pour origine, et qu'on recevait partout, dans les plus nobles maisons, puis des hommes si respectés que les petits bourgeois se découvraient sur leur passage, mais dont les tripotages effrontés, dans les grandes entreprises nationales, n'étaient un mystère pour aucun de ceux qui savaient les dessous du monde.

Tous avaient l'air hautain, la lèvre fière, l'œil insolent, ceux à favoris et ceux à moustaches.

Duroy riait toujours, répétant : « C'est du propre, tas de crapules, tas d'escarpes ! »

Mais une voiture passa, découverte, basse et charmante, traînée au grand trot par deux minces chevaux blancs dont la crinière et la queue voltigeaient, et conduite par une petite jeune femme blonde, une courtisane connue qui avait deux grooms assis derrière elle, Duroy s'arrêta, avec une envie de saluer et d'applaudir cette parvenue de l'amour qui étalait avec audace dans cette promenade et à cette heure des hypocrites aristocrates, le luxe crâne gagné sur ses draps.

Bel-Ami

1. UNE SOCIÉTÉ HYPOCRITE ET CORROMPUE

La structure accumulative (énumération : « d'autres (...) d'autres (...) beaucoup »; pluriels : « des hommes de finance », « des hommes si respectés ») témoigne d'une corruption généralisée. La société qui défile sous les yeux de Bel-Ami est composée d'escrocs et de parvenus qui tiennent néanmoins à maintenir la fiction de la respectabilité. Le décalage entre l'être et le paraître est perceptible grâce à l'opposition entre le premier paragraphe qui dévoile les dessous de réussites crapuleuses et le second, descriptif, qui met en évidence une allure « fière » et « [insolente] » en complet désaccord avec ce que le précédent paragraphe a révélé. Par ailleurs, les termes péjoratifs utilisés par le personnage (« crapules », « escarpes ») ne laissent aucun doute sur l'honorabilité réelle de ces aristocrates. On note aussi un décalage entre le savoir et les comportements : le crime est connu ; tout le monde fait comme s'il n'existait pas (« c'était connu », « on l'affirmait » ...), s'en rendant ainsi complice.

2. UNE SOCIÉTÉ OÙ L'ARGENT EST ROI

L'argent omniprésent (champ lexical de l'argent dans tout le passage) régit les rapports entre hommes et femmes : les femmes sont entretenues (« parvenue de l'amour »), les hommes aussi (première phrase). Désir et argent sont intimement liés, ce qui fausse les rapports amoureux. L'argent préside aux codes sociaux, il ouvre toutes les portes, comme en témoigne l'opposition entre les deux relatives suivantes : « des sommes (...) dont l'immense fortune avait un vol pour origine, et qu'on recevait partout. »

3. LE NARRATEUR ET SON PERSONNAGE

Tous deux lèvent les masques en faisant le procès d'une aristocratie dégradée qui rend légitime le comportement de la « parvenue » : la confrontation du premier et du dernier paragraphe montre l'équivalence des conduites, la « parvenue » agissant à sa manière comme les aristocrates. Les points de vue du narrateur et du personnage se rejoignent ici (la focalisation interne est en même temps une focalisation zéro) pour dénoncer la gigantesque farce du monde (« saluer », « applaudir », « étalait avec audace », « luxe crâne »).

■ *Moment essentiel dans l'évolution du personnage, ce passage montre que Bel-Ami, tout comme le narrateur, n'est pas dupe de la comédie qui se joue au Bois. Cependant, sa condamnation des imposteurs s'accompagne d'une certaine admiration. Ces derniers lui indiquent la double voie dans laquelle il s'est d'ores et déjà engagé : les « tripotages » annoncent le coup de Bourse, tandis que la « parvenue » lui offre l'exemple de la vénalité.*

L'EXPÉRIENCE VÉCUE

L'ARTISTE

LE FANTASTIQUE

■ **LE PESSIMISME**

LE NÉANT

En l'absence d'alternative valable au tragique de sa condition, l'être ressent une attirance irrésistible pour la mort. Bourreau ou victime, il est tenté par le sang, ou par une asphyxie progressive : il éprouve « le goût du néant ».

LE SADISME ET LA RAGE DE DESTRUCTION

Les relations entre les personnages sont très souvent sadomasochistes. Dans *L'Inutile Beauté*, le comte de Mascaret, en onze ans de mariage, a soumis sept fois sa femme à « l'odieux supplice de maternité », par égoïsme et jalousie : il ne supporte pas que sa femme, très belle, vive en femme du monde. Elle se révolte contre cette tyrannie et se venge en lui laissant croire qu'un des enfants n'est pas de lui, sans préciser lequel. Elle le laisse souffrir pendant six ans avant de lui révéler qu'elle a menti. La cruauté est poussée plus loin encore dans le meurtre. Tuer, c'est prendre la vie et se comporter comme Dieu, ou la nature. C'est aussi jouir d'une inexistence, d'un néant dont le sang est la preuve irréfutable. Dans cette mesure, le sang manifeste le pouvoir du meurtrier et fait l'objet d'une véritable fascination : « La bête saignante, le sang sur les plumes, sur les mains, me crispent le cœur à le faire défaillir » (*Amour*). L'attirance et la répulsion, constitutives de toute fascination, sont particulièrement perceptibles dans ce passage ambigu, qui utilise des termes cumulant simultanément des connotations positives et négatives (« crispent », « défaillir » : douleur ou plaisir violent ?). Mais l'évocation du sang est parfois placée tout entière sous le signe de la volupté : « Le sang a jailli comme un flot, comme un flot ! Oh ! si j'avais pu, j'aurais voulu me baigner dedans. Quelle ivresse de me coucher là-dessous, de recevoir cela dans mes cheveux et sur mon visage, et de me relever tout rouge, tout rouge ! » (*Un fou ?*). L'exaltation du propos, son lyrisme même (fonction expressive du langage, exclamations, répétitions à valeur hyperbolique de la comparaison « comme un flot » et de l'attribut du complément d'objet « tout rouge ») témoignent d'une euphorie sans mélange. Le sang « jaillit » comme une source de vie qui régénère le personnage (« recevoir cela (...) et me relever tout rouge ») et lui procure un plaisir d'ordre érotique (le bain de sang équivaut à une fusion avec la victime, à une possession aussi puisqu'il témoigne de la puissance de l'assassin). Détruire est une passion, au même titre que la passion amoureuse. Elle n'épargne ni les hommes ni les animaux (*Sur les chats*, *Coco*, *L'Âne*, *Pierrot*).

LES TENDANCES AUTODESTRUCTRICES

S'il y a un désir et un plaisir de détruire, il existe aussi un désir de s'anéantir. Le narrateur de *Suicides* éprouve l'envie de se couper la gorge chaque fois qu'il se rase, ou de se défenestrer. L'incipit de *L'Endormeuse* est une évocation macabre des suicidés, individus désespérés à qui la société n'a pas permis de vivre : « Je vis des gens qui saignaient, la mâchoire brisée, le crâne crevé, la poitrine trouée par une balle, agonisant lentement (...). J'en vis d'autres, la gorge ouverte ou le ventre fendu, tenant encore dans leur main le couteau de cuisine ou le rasoir. J'en vis d'autres, assis tantôt devant un verre où trempaient des allumettes, tantôt devant une petite bouteille qui portait une étiquette rouge. »
L'anéantissement est même parfois une source de plaisir, grâce à l'« endormeuse », qui dispense une mort douce, par engourdissement et asphyxie : « Un peu inquiet, je m'assis sur la chaise basse en crêpe de Chine, puis je m'allongeai, et presque aussitôt je fus enveloppé par une délicieuse odeur de réséda. J'ouvris la bouche pour la mieux boire, car mon âme s'était engourdie, oubliait, savourait, dans le premier trouble de l'asphyxie, l'ensorcelante ivresse d'un opium enchanteur et foudroyant. » Le narrateur rêve la mort comme une promesse de bonheur. Il l'assimile à une femme (le nom de la « chaise » magique permet cette identification féminine), à un parfum sensuel (« délicieuse odeur de réséda »), et au paradis artificiel de l'opium. Cela revient à dire la proximité du plaisir et de la mort.

■ *Dans la préface de* Pierre et Jean, *Maupassant déclare que l'artiste interprète le monde selon son tempérament. L'attirance pour le néant, qui s'offre à l'homme comme la dernière issue pour tenter de pallier le malheur inhérent à sa condition et surmonter les illusions trompeuses dont il aime à se bercer, participe d'une sensibilité douloureusement pessimiste et d'une vision nihiliste du monde.*

DÉFENSE DU NON-ÊTRE

Pour ce qui est de la valeur objective de la vie, il est bien peu sûr, il est au moins douteux qu'elle soit préférable au non-être, et même, si l'on consulte la réflexion et l'expérience, c'est le non-être qui doit de beaucoup l'emporter. Allez frapper aux portes des tombeaux et demandez aux morts s'ils veulent revenir au jour : ils secoueront la tête d'un mouvement de refus. Telle est aussi la conclusion de Socrate dans l'*Apologie* de Platon ; et l'aimable, l'enjoué Voltaire lui-même ne peut s'empêcher de dire : « On aime la vie, mais le néant ne laisse pas d'avoir du bon » ; ou encore : « Je ne sais pas ce que c'est que la vie éternelle, mais celle-ci est une mauvaise plaisanterie ».

Schopenhauer, Le Monde comme volonté et comme représentation, *P.U.F., 1966.*

LA PULSION DE MORT

Les criminels sont nombreux chez Maupassant. L'impulsion criminelle, quelle que soit l'horreur qu'elle inspire, apparaît comme naturelle, et plus puissante que l'institution chargée de sanctionner le crime et le coupable.

TUER : LA LOI DE LA NATURE

Tuer est un besoin : « Tout être a pour mission de tuer » (*Un fou ?*). L'homme a besoin de tuer pour se nourrir, mais tuer représente aussi un plaisir. En cela, il se rapproche des animaux. L'animalité des assassins est connotée par le choix des noms propres (« Renardet » dans *La Petite Roque*) ou des images : un mari, « jaloux comme un chien », prépare sa terrible vengeance (*Un fou ?*).
La loi de la nature coïncide très exactement avec le vouloir divin. Dieu a créé l'homme à son image. Or, Dieu « est méchant ». C'est « un massacreur » qui « ne fait vivre que pour détruire » : « Il a inventé les maladies, les accidents, pour se divertir tout doucement le long des mois et des années (...), et il se paye des guerres de temps en temps, pour voir deux cent mille soldats par terre, écrasés dans le sang et dans la boue » (*Moiron*).

UN INDIVIDU DOMINÉ PAR SES PULSIONS

Les barrières opposées à la violence intérieure sont si fragiles que la pulsion de mort est toujours victorieuse. Les personnages sont en quelque sorte dépassés par une envie irrépressible : Renardet « [possède] » la petite Roque « sans comprendre ce qu'il [fait] » ; dans *La Confession*, le père est hanté par cette « obsession » criminelle qui « [entre] en [lui] et [le ronge] ». Dans le tumulte intérieur, les contraires se rejoignent. Le désir sexuel est un désir de mort pour le narrateur de *Un fou ?* qui déclare : « En l'étreignant dans mes bras je regardais son œil et je frémissais, secoué tout autant par le besoin de tuer cette bête [il s'agit de sa maîtresse] que par la nécessité de la posséder sans cesse. » Inversement, tuer est un plaisir d'ordre sexuel, comme le montre cette phrase d'*Un fou ?* : « Souvent, on rencontre de ces gens chez qui détruire la vie est une volupté. » Dans cette même nouvelle, une équivalence entre tuer et posséder est d'ailleurs explicitement établie : « L'envie de tuer me court dans les moelles. Cela est comparable aux rages d'amour qui vous torturent à vingt ans. » Dévoré par les impulsions de la nature, le personnage tend parfois à s'assimiler à elle, ou plutôt à son équivalent, Dieu. L'homme-Dieu fait et défait les vies humaines : Moiron imite le Dieu destructeur qui lui a ravi ses propres enfants, et le « magistrat intègre » d'*Un fou ?* affirme que détruire, c'est « ce qui ressemble le plus à créer ».

ÉCHEC DE LA JUSTICE ET DÉRISION DE LA LOI

Le crime demeure impuni : le criminel avoue quand la loi ne peut plus rien contre lui. C'est le cas des aveux posthumes (*La Confession*, *Un fou?*). La mort protège aussi le criminel, comme en témoignent le suicide de Renardet (*La Petite Roque*) et l'agonie de Moiron : l'instituteur n'avoue son crime qu'à partir du moment où il est sûr d'échapper à la sanction. Jamais la justice n'a soupçonné le criminel, jamais personne n'a deviné le meurtrier sous l'apparence de la respectabilité, ou s'il y a eu soupçons, le criminel a su très habilement les détourner. Le décalage entre l'être et le paraître se teinte souvent d'ironie, quand l'incipit de la nouvelle, présentant les qualités du défunt, est contredit par la confession de ses crimes atroces. Qu'on en juge : « Honnête homme il avait été dans tous les actes appréciables de sa vie, dans ses paroles, dans son exemple, dans son attitude, dans sa tenue, dans ses démarches, dans la coupe de sa barbe et la forme de ses chapeaux » (*La Confession* : récit d'un infanticide) ; « Il était mort chef d'un haut tribunal, magistrat intègre dont la vie irréprochable était citée dans toutes les cours de France » (*Un fou?* : récit d'un triple assassinat). La loi est ainsi tournée en dérision. Le criminel d'*Un fou?* fait condamner à mort un innocent pour le crime que lui-même a commis, de même que Renardet orchestre l'enquête à propos du meurtre de la petite Roque.

Par ailleurs, le crime n'est pas souvent sanctionné comme il le devrait. La justice condamne des innocents, ne trouve rien contre les coupables soupçonnés (*Moiron*, *La Mère aux monstres*) ou acquitte des criminels (*L'Assassin*, *Rosalie Prudent*).

■ *Les exigences de la nature et la volonté d'un Dieu cruel, jointes à une identité vacillante, sans défense aucune contre la violence des instincts destructeurs, telle semble bien être la Loi inflexible qui gouverne les personnages de Maupassant, au point de tenir en échec l'autre loi, celle des institutions. L'appétit irrépressible qui envahit l'être et le dépossède, tout comme le Horla, conduit à la folie destructrice et à la mort.*

UNE CATÉGORIE FONDAMENTALE DE PULSIONS

Dans le cadre de la dernière théorie freudienne des pulsions, [la pulsion de mort] désigne une catégorie fondamentale de pulsions qui s'opposent aux pulsions de vie et qui tendent à la rédaction complète des tensions, c'est-à-dire à ramener l'être vivant à l'état anorganique.

Tournées d'abord vers l'intérieur et tendant à l'autodestruction, les pulsions de mort seraient secondairement dirigées vers l'extérieur, se manifestant alors sous la forme de la pulsion d'agression ou de destruction.

Jean Laplanche et J.-B. Pontalis, Vocabulaire de la psychanalyse, *P.U.F., 1967.*

L'EXPÉRIENCE VÉCUE

L'ARTISTE

LE FANTASTIQUE

■ LE PESSIMISME

L'ANGOISSE

Le narrateur raconte comment, une nuit, seul dans sa barque et prisonnier du brouillard, il a été victime de terribles hallucinations. La perte de tout repère entraîne une angoisse qui peuple l'univers d'éléments inquiétants et hostiles.

Cependant, la rivière s'était peu à peu couverte d'un brouillard blanc très épais qui rampait sur l'eau fort bas, de sorte que, en me dressant debout, je ne voyais plus le fleuve, ni mes pieds, ni mon bateau, mais j'apercevais seulement les pointes des roseaux, puis, plus loin, la plaine toute pâle de la lumière de la lune, avec de grandes taches noires qui montaient dans le ciel, formées par des groupes de peupliers d'Italie. J'étais comme enseveli jusqu'à la ceinture dans une nappe de coton d'une blancheur singulière, et il me venait des imaginations fantastiques. Je me figurais qu'on essayait de monter dans ma barque que je ne pouvais plus distinguer, et que la rivière, cachée par ce brouillard opaque, devait être pleine d'êtres étranges qui nageaient autour de moi. J'éprouvais un malaise horrible, j'avais les temps serrées, mon cœur battait à m'étouffer; et, perdant la tête, je pensai à me sauver à la nage; puis aussitôt cette idée me fit frissonner d'épouvante. Je me vis, perdu, allant à l'aventure dans cette brume épaisse, me débattant au milieu des herbes et des roseaux que je ne pourrais éviter, râlant de peur, ne voyant pas la berge, ne retrouvant plus mon bateau, et il me semblait que je me sentirais tiré par les pieds tout au fond de cette eau noire.

Sur l'eau

1. PERTE DES REPÈRES SPATIO-TEMPORELS

Le temps semble se dilater. Cette impression est créée par l'imparfait, qui fige la scène en tableau. Temps de l'action non bornée, il est particulièrement apte à suggérer un étirement de la durée.
Par ailleurs, le cadre extérieur disparaît, comme le montrent les verbes de perception à la forme négative (« je ne voyais plus », « ne voyant pas »), et la récurrence des termes signalant l'impossibilité de la transparence (« brouillard », « brume », « nappe de coton », « épais », « opaque »). L'espace se resserre (vision restreinte : « j'apercevais seulement »), se partage en deux (opposition entre le haut et le bas, le bas restant entièrement invisible). Ainsi rétréci, il s'ouvre brusquement en profondeur. Le personnage-narrateur s'imagine englouti « au fond de cette eau noire ».

Sur l'eau *in Éd. Ollendorf, 1899.*

2. L'ANGOISSE

Le texte se fonde sur une gradation ascendante : il y a une progression de la peur, dont le point culminant coïncide avec la dernière phrase. Les manifestations de l'angoisse sont particulièrement violentes. Elles affectent le corps (« tempes », « cœur »), sont exprimées de façon hyperbolique (infinitif prépositionnel à valeur consécutive : « battait à m'étouffer ») et vont dans le sens d'une oppression douloureuse et intolérable. L'unité de la personnalité est menacée : on note un dédoublement du moi (« Je me vis ») qui correspond au début de l'hallucination.

3. UN UNIVERS HOSTILE

Le personnage est pris dans un piège dont les formes sont variées : végétale (« herbes et roseaux » qui emprisonnent ou qui blessent, voir la connotation menaçante de « pointes »), animale (la présence indéfinie qui rôde autour de la barque) ou élémentaire (l'eau maléfique, associée à un tombeau).

■ *Ce passage, d'une grande intensité dramatique, est porteur de tous les démons intérieurs (perte de l'identité, dédoublement, folie). Le texte signale en effet le caractère subjectif de la vision, par le recours à des images que le personnage prend à la lettre, montrant par là qu'il ne fait plus de différence entre le monde perçu et le monde rêvé : les monstres peuvent naître.*

L'HALLUCINATION MORBIDE

Le personnage de l'assassin, Renardet, est hanté par le souvenir de la petite fille qu'il a violée puis étranglée sous une futaie, au bord d'une rivière appelée « la Brindille ». La nuit, victime d'hallucinations, il croit voir le fantôme de la morte.

Était-il vrai qu'il remuait, ce rideau ? Il se le demandait, craignant d'être trompé par ses yeux. C'était si peu de chose, d'ailleurs, un léger frisson de l'étoffe, une sorte de tremblement des plis, à peine une ondulation comme celle que produit le vent. Renardet demeurait les yeux fixes, le cou tendu ; et brusquement il se leva, honteux de sa peur, fit quatre pas, saisit la draperie à deux mains et l'écarta largement. Il ne vit rien d'abord que les vitres noires, noires comme des plaques d'encre luisante. La nuit, la grande nuit impénétrable s'étendait par-derrière jusqu'à l'invisible horizon. Il restait debout en face de cette ombre illimitée ; et tout à coup il y aperçut une lueur, une lueur mouvante, qui semblait éloignée. Alors il approcha son visage du carreau, pensant qu'un pêcheur d'écrevisses braconnait sans doute dans la Brindille, car il était minuit passé, et cette lueur rampait au bord de l'eau, sous la futaie. Comme il ne distinguait pas encore, Renardet enferma ses yeux entre ses mains ; et brusquement cette lueur devint une clarté, et il aperçut la petite Roque nue et sanglante sur la mousse.

La Petite Roque

1. UN RÉCIT ORIENTÉ VERS UNE RÉVÉLATION

Le champ lexical du regard est omniprésent (« yeux », « vit », « aperçut »...). Le point de vue utilisé, à savoir la focalisation interne, permet d'organiser la vision autour d'un foyer privilégié de la perception : tout est vu à travers le regard de Renardet.

L'extrait se fonde sur le passage de l'ombre à la lumière, qui est celle d'une révélation. Cette modification est d'autant plus surprenante que les deux termes de cette progression, la « nuit » et la « clarté » fulgurante, sont totalement opposés. Le texte insiste sur la profondeur de la nuit, ainsi qu'en témoignent les répétitions de « noires » et de « nuit », la comparaison (hyperbolique) avec des « plaques d'encre » et les adjectifs « grande » et « impénétrable ». Par opposition, la « lueur » qui devient « clarté » est une illumination brutale (« brusquement », valeur du passé simple « aperçut »). L'effet de suspens créé par la négation restrictive (« Il ne vit rien d'abord que les vitres ») trouve ainsi sa résolution dans la dernière phrase.

2. UNE HALLUCINATION

Certes, une hésitation est inscrite au cœur du texte (question initiale), mais la contrainte de genre (la nouvelle est une histoire criminelle) interdit de reconnaître là la marque du fantastique : le personnage est seulement la proie d'une hallucination.

En effet, le regard semble pouvoir abolir les distances (la petite Roque est vue comme si elle était très proche). De plus, le passé criminel resurgit dans le présent (« nue et sanglante »), comme si le temps était déréglé.

Le personnage, envahi par la peur (« les yeux fixes, le cou tendu », « craignant »...) cède à l'irrationnel (fin du passage) après avoir tenté de lutter contre lui (« pensant qu'un pêcheur d'écrevisses braconnait sans doute dans la Brindille » : mise en œuvre d'un raisonnement). En fait, l'hallucination procède à la fois d'une peur et d'un désir de voir : le mouvement du rideau, si ténu soit-il (« si peu de chose », « léger », « à peine ») est interprété comme un appel ; la négation restrictive « Il ne vit rien (...) que » montre que le personnage, peut-être déçu, s'attendait à voir autre chose que « les vitres noires ». Ce désir, qui lui fait en même temps horreur, est comblé par l'apparition finale.

■ *Ce texte plaide en faveur d'un réalisme subjectif. Tout est vu, en effet, à travers le regard d'un personnage qui déforme le réel, sous la poussée de l'imagination et d'un désir masochiste. Les conditions sont réunies pour qu'apparaisse le fantôme de la morte, fruit d'une « âme malade », hantée « par une pensée unique, par un souvenir inoubliable » et torturant.*

> (...) il voulut revenir sur ses pas, mais alors le remords fondit sur lui, le happa, le tenailla sans trêve.
> « Il vécut d'expiatrices nuits, assiégé par des fantômes, hurlant à la mort comme une bête. »
>
> *J.K. Huysmans,* Là-bas
> *(à propos de Gilles de Rais)*

LA FEMME

La vision de la femme chez Maupassant reste enfermée dans un dualisme qui oppose à la femme rêvée et inaccessible une femme-piège, dont la nature inquiétante met en péril l'homme et son identité.

L'IDÉAL

La femme idéale est associée à une rêverie cosmique qui l'assimile à la nature : « Son teint pâle, aux reflets d'ivoire, lui donnait un air de statue, tandis qu'en ses cheveux noirs comme une nuit, un mince diadème en arc-en-ciel, poudré de diamants, brillait ainsi qu'une voie lactée » (*L'Inutile Beauté*). Agrandie aux dimensions de l'univers qu'elle résume, elle est comme déréalisée, devenant « statue », idole à adorer, ou paysage à contempler. Il est à noter que la fonction poétique du langage est toujours présente, par le biais de comparaisons ou de métaphores valorisantes, quand il s'agit d'évoquer cet idéal féminin. Dans cette rêverie sont privilégiés certains éléments naturels tels que l'air et le ciel (récurrence de l'image de la femme-oiseau) ou les fleurs : « Une ceinture d'œillets serrait sa taille et descendait autour d'elle jusqu'à ses pieds, en cascades. Autour des bras nus et des épaules courait une guirlande emmêlée de myosotis et de muguets, tandis que trois orchidées féeriques semblaient sortir de sa gorge et caressaient la chair pâle des seins de leur chair rose et rouge de fleurs surnaturelles » (*Notre cœur*, IIe partie, chap. VII). Transfiguration et sacralisation de Michèle de Burne.

L'idéal s'oppose aux contingences vulgaires de l'espèce, en particulier à celles de la reproduction. La femme ne peut incarner le rêve que si elle s'affranchit du lien biologique que représente l'enfantement. En même temps qu'elle attire ou séduit, la nature inspire dégoût et horreur parce qu'elle ramène à l'animal. Gabrielle de Mascaret, l'héroïne de *L'Inutile Beauté*, se révolte contre sa fonction de reproductrice ; elle ne veut plus être une « machine à pondre des êtres » ni une « jument poulinière enfermée dans un haras ». C'est justement parce qu'elle refuse la maternité qu'elle peut se parer, aux yeux de son époux, de cette aura d'idéalité propre à « [aviver], autant que les fièvres sensuelles, d'immatériels appétits » : « Elles sont ainsi quelques-unes qui fleurissent uniquement pour nos rêves. »

Cependant, même l'idéal est dangereux : Gabrielle de Mascaret suscite un effroi plus grand encore que celui inspiré par « l'antique et simple amour ».

LA FEMME-PIÈGE

Lien ou glu, la femme capture l'homme et le retient prisonnier. La comtesse de Guilleroy répand une « glu de séduction » pour capter l'amour de Bertin (*Fort comme la mort*). Dans *Pétition d'un viveur malgré lui*, le personnage déclare que « neuf fois sur dix c'est l'homme qui est séduit (...), enlacé de liens terribles».

Autre image récurrente : celle de la chasse. La femme est assimilée à un animal prédateur. Dans *Yvette*, elle est un «épervier» qui plane au-dessus de sa proie, en l'occurrence Servigny. Dans *Pétition d'un viveur malgré lui*, elle se fait «chat» pour jouer avec les (hommes) souris. Lors de sa promenade sur la plage de Trouville (*Pierre et Jean*), Pierre contemple le manège de la séduction. La femme, en dépit des apparences, n'est pas le «gibier». Elle est le chasseur qui tend ses pièges : «inventions ingénieuses de la mode», «toilettes multicolores», «chaussure mignonne», «chapeau extravagant». Elle apparaît donc comme une tentatrice qui poursuit «son œuvre de damnation» (*Clair de lune*), dangereuse au point qu'un personnage de la nouvelle intitulée *Au printemps*, par solidarité masculine, juge bon de mettre en garde un homme qu'il ne connaît pas, mais qu'il voit prêt à succomber au charme de «cheveux qui semblaient une lumière frisée, descendaient à l'oreille, couraient jusqu'à la nuque, dansaient au vent, puis devenaient, plus bas, un duvet si fin, si léger, si blond, qu'on le voyait à peine, mais qu'on éprouvait une irrésistible envie de mettre là une foule de baisers».

NÉGATION DE L'IDÉAL

Schopenhauer, dans sa *Métaphysique de l'amour*, détruit la fiction de l'amour idéal : «Toute inclination amoureuse, en effet, pour éthérées que soient ses allures, prend racine uniquement dans l'instinct sexuel, et n'est même qu'un instinct sexuel plus nettement déterminé, plus spécialisé et, rigoureusement parlant, plus individualisé.»

■ *Piège séduisant et d'autant plus dangereux qu'il affole, la femme fait peser sur l'homme une emprise diabolique. En cela, Maupassant reprend à son compte une vision traditionnelle du féminin, qu'il approfondit par l'écriture, au moyen d'images et de motifs qui lui sont propres, et qu'il assombrit encore. Car si l'homme vient à rencontrer l'amour, il est de toute façon confronté à l'incommunicabilité et renvoyé à sa solitude.*

CE FUT COMME UNE APPARITION

Ce fut comme une apparition :
Elle était assise, au milieu du banc, toute seule ; ou du moins il ne distingua personne dans l'éblouissement que lui envoyèrent ses yeux. En même temps qu'il passait, elle leva la tête ; il fléchit involontairement les épaules ; et, quand il se fut mis plus loin, du même côté, il la regarda.
Elle avait un large chapeau de paille, avec des rubans roses qui palpitaient au vent, derrière elle. Ses bandeaux noirs, contournant la pointe de ses grands sourcils, descendaient très bas et semblaient presser amoureusement l'ovale de sa figure. Sa role de mousseline claire, tachetée de petits pois, se répandait à plis nombreux. Elle était en train de broder quelque chose ; et son nez droit, son menton, toute sa personne se découpait sur le fond de l'air bleu.

Gustave Flaubert, L'Éducation sentimentale.

LA PROSTITUÉE

Le féminin est inférieur, il est aussi pervers : telle semble être la leçon, profondément désabusée et misogyne, d'une œuvre qui multiplie les attaques contre les femmes.

UNE NATURE PERVERSE

Influencé par Schopenhauer, Maupassant a de la nature féminine une vision négative. Ne fait-il pas dire à l'une de ses héroïnes : « On m'a affirmé du reste (c'est un médecin qui m'a dit ça), que le cerveau du singe ressemblait beaucoup au nôtre » ? Et de continuer en disant : « Il faut toujours que nous imitions quelqu'un », le mari, l'amant, les amies dont « [nous] prenons [les] manières de penser, [les] manières de dire, [les] mots, [les] gestes, tout » (*Le Signe*).
De plus, il y aurait selon l'auteur, inscrit au plus profond du féminin, un penchant pour la vénalité. Les femmes sur la plage de Trouville (*Pierre et Jean*) « ne pensaient qu'à la même chose, offrir et faire désirer leur chair déjà donnée, déjà vendue, déjà promise à d'autres hommes ». La plage n'est plus qu'une « halle d'amour » où les femmes se prostituent. Et « sur la terre entière c'[est] toujours la même chose ». Certes, il existe des exceptions, mais un lapsus à mettre au compte du personnage qui contemple cette « halle » montre qu'au fond ces exceptions n'en sont pas : « Sa mère avait fait comme les autres [femmes], voilà tout ! Comme les autres ? — non ! Il existait des exceptions, et beaucoup, beaucoup ! Celles qu'il voyait autour de lui, des riches, des folles, des chercheuses d'amour, appartenaient en somme à la galanterie élégante et mondaine ou même à la galanterie tarifiée, car on ne rencontrait pas sur les plages piétinées par la légion des désœuvrées, le peuple des honnêtes femmes enfermées dans la maison close. »
A l'espace ouvert de la plage, permettant la rencontre, rendant faciles les échanges, semble s'opposer l'espace fermé de la « maison close » réservé aux « honnêtes femmes ». Mais la « maison close » est évidemment une expression ambiguë, qui peut tout aussi bien désigner le foyer domestique qu'un établissement de prostitution ! D'ailleurs, dans certaines nouvelles, il est difficile de faire la différence entre l'« honnête femme » et la femme vénale. Ainsi, la baronne de Grangerie, fascinée par une prostituée qui guette ses clients de sa fenêtre, imite le signe qu'elle lui voit faire pour attirer les hommes (*Le Signe*). Un « grand blond, très joli garçon » lui répond et monte la rejoindre. Elle a beau lui assurer qu'il s'agit d'une erreur, qu'elle est une « honnête femme, une femme mariée », il refuse de la croire. Comme son mari va bientôt rentrer, la baronne ne peut que céder aux avances du jeune homme pour s'en débarrasser. La marquise de Rennedon, son amie à qui elle raconte l'histoire, trouve cette aventure divertissante, mais estime que deux louis, vraiment, ça n'est pas assez !

UN JUGEMENT SÉVÈRE

La prostitution n'est excusée que dans certains cas. Si l'héroïne de *L'Odyssée d'une fille* et Françoise Duclos dans *Le Port* trouvent grâce aux yeux du narrateur, c'est parce qu'elles sont victimes de la fatalité qui les poursuit ou d'une société égoïste qui ne leur a pas permis d'exercer un autre métier. Quant à Rachel (*Mademoiselle Fifi*), à Boule de suif ou à Irma (*Le Lit 29*), elles font preuve d'héroïsme et montrent qu'elles valent mieux que tous les « gredins honnêtes » (*Boule de suif*) qui les entourent. Mais le narrateur ou les personnages sont sévères pour celles qui se prostituent sans nécessité véritable. Trémoulin est trompé par sa femme qui vend ses charmes au général de Flèche, âgé de soixante-six ans : « Ce sont les éternelles, inconscientes et sereines prostituées qui livrent leur corps sans dégoût, parce qu'il est marchandise d'amour, qu'elles le vendent ou qu'elles le donnent, au vieillard qui hante les trottoirs avec de l'or dans sa poche, ou bien pour la gloire, au vieux souverain lubrique, au vieil homme célèbre et répugnant ! » (*Un soir*). Quoi qu'il en soit, la vénalité est présentée comme une disposition constante et naturelle de la femme, à tel point que l'on en vient à soupçonner les jeunes filles naïves de dissimulation et d'hypocrisie (*Yvette*).

■ *La vision de la femme, fortement tributaire d'un contexte culturel, d'une imprégnation schopenhauérienne et d'une sensibilité dont le pessimisme et le nihilisme ne sont plus à démontrer, est désespérante dans la mesure où elle avilit le féminin dans des rôles invariables. La femme, parfois victime, toujours prostituée ou hypocrite, est un objet de curiosité soumis au regard qui la réifie en l'assimilant au Mal.*

Illustration de La Maison Tellier par Dignimont.

FERMÉ POUR CAUSE DE PREMIÈRE COMMUNION

Utilisant ses souvenirs personnels, Maupassant a mis en scène Fernande, la belle blonde, Raphaële, la Marseillaise, une roulure des ports de mer, Rosa-la-Rosse, une petite boule de chair, tout en ventre, et aussi les deux filles de l'estaminet, Louise, dite Cocotte, et Flora, surnommée La Balançoire parce qu'elle boîtait légèrement. Dans le port, on les appelait « les deux Pompes ».
L'idée originale du récit est de montrer « Madame » fermer son établissement « pour cause de première communion » ; l'écriteau, posé sur la porte, surprend et dérange les habitués... tandis que, joyeuses, les cinq pensionnaires prennent le train avec leur patronne pour aller assister à la première communion de sa nièce, dans un village verdoyant.

A. Boudard et Romi, L'Âge d'or des maisons closes, *Albin Michel, 1990.*

LA PROSTITUÉE

DOCUMENT

MARTHE : L'HISTOIRE D'UNE DÉCHÉANCE

Elle ne pouvait croire que cette image fût la sienne. Elle regardait avec étonnement ses bras poudrés de perline, ses sourcils charbonnés, ses lèvres rouges comme des viandes saignantes, ses jambes revêtues de bas de soie cerise, sa poitrine ramassée et peureuse, tout l'appât troublant de ses chairs qui frissonnaient sous les fanfioles du peignoir. Ses yeux l'effrayèrent, ils lui parurent, dans leur cerne de pensil, s'être creusés bizarrement et elle découvrit, dans leur subite profondeur, je ne sais quelle expression enfantine et canaille qui la fit rougir sous son fard.

Puis, elle regardait avec hébétement les poses étranges de ses camarades, des beautés falotes et vulgaires, des caillettes agaçantes, des hommasses et des maigriottes, étendues sur le ventre, la tête dans les mains, accroupies comme des chiennes, sur un tabouret, accrochées comme des oripeaux, sur des coins de divans, les cheveux édifiés de toutes sortes : spirales ondées, frisons crêpelés, boucles rondissantes, chignons gigantesques, constellés de marguerites blanches et rouges, de torsades de fausses perles, crinières noires ou blondes, pommadées ou poudrées d'une neige de riz.

Les peignoirs sans manches, rattachés aux épaules par des pattes rubantées de soie tendre, flottaient larges et laissaient entrevoir, sous leur diaphane ampleur, l'affriolante nudité des corps.

Les bijoux papillotaient, les rubis et les strass arrêtaient au passage des filées de lumière et, debout devant une glace, tournant le dos à la porte, une femme, les bras levés, enfonçait une épingle dans la sombre épaisseur de sa chevelure.

Son grand peignoir de gaze remontait avec le mouvement de ses bras et laissait un large espace entre sa pâle vapeur et le granit des chairs ; les seins se redressaient aussi dans cet enlèvement des coudes et leurs orbes bombaient, blancs et durs, dans des frises de rosettes. Une raie, filant de la nuque un peu renversée, se brisait dans ces plis ondulants qui relient les hanches et, sillonnée d'une courbure profonde, la croupe renflait ses neigeuses rondeurs sur deux jambes que rosait au-dessus du genou le serré des jarretières.

J.-K. Huysmans, Marthe, histoire d'une fille.

DOCUMENT

VÉRONIQUE : LE RACHAT D'UNE FEMME VENDUE

Véronique Cheminot, célèbre naguère au quartier latin sous le nom expressif de la *Ventouse*, était une splendide goujate que dix années, au moins, de prostitution sur vingt-cinq n'avaient pu flétrir. Et Dieu sait pourtant l'effroyable périple de ce paquebot de turpitudes !

Née dans un port breton, d'une ribaude à matelots malencontreusement fruitée par un cosmopolite inconnu, nourrie, on ne savait comment, dans cet égout, polluée dès son enfance, putréfiée à dix ans, vendue par sa mère à quinze, on l'avait vue se débiter dans toutes les halles à poisson de la luxure, se détailler à la main sur tous les comptoirs du stupre, pendre à tous les crocs de la grande triperie du libertinage.

Le boulevard Saint-Michel l'avait assez connue, cette rousse audacieuse qui avait l'air de porter sur sa tête tous les incendies qu'elle allumait dans les reins juvéniles des écoles.

Elle ne passait pas généralement pour une *bonne fille*. Quoiqu'elle eût fait d'étranges coups de tête pour des hommes qu'elle prétendait avoir aimés, cette avide guerrière se livrait à de terrifiques déprédations qui la rendaient infiniment redoutable aux familles. A l'exception de quelques rares et singuliers caprices qui lui faisaient mettre parfois dans son lit des vagabonds sans asile, — et qu'on expliquait inexactement par la fangeuse nostalgie de sujétion particulière à ces réfractaires — ses caresses les plus authentiques étaient d'une vénalité escaladante, qui montait jusqu'au lyrisme. Elle avait gardé cette ingénuité de croire fermement que les hommes qui la désiraient étaient tous des apoplectiques d'argent qu'aucune saignée ne pouvait jamais anémier.

Léon Bloy, La Femme pauvre.

LA VICTIME

Sous l'occupation prussienne, la diligence Rouen-Le Havre offre une sorte d'abrégé de la société contemporaine en transportant « gredins honnêtes » et marginaux, dont Boule de suif.

Petite, ronde de partout, grasse à lard, avec des doigts bouffis, étranglés aux phalanges, pareils à des chapelets de courtes saucisses, avec une peau luisante et tendue, une gorge énorme qui saillait sous sa robe, elle restait cependant appétissante et courue, tant sa fraîcheur faisait plaisir à voir. Sa figure était une pomme rouge, un bouton de pivoine prêt à fleurir, et là-dedans s'ouvraient, en haut, des yeux noirs magnifiques, ombragés de grands cils épais qui mettaient une ombre dedans ; en bas, une bouche charmante, étroite, humide pour le baiser, meublée de quenottes luisantes et microscopiques.

Elle était de plus, disait-on, pleine de qualités inappréciables.

Aussitôt qu'elle fut reconnue, des chuchotements coururent parmi les femmes honnêtes, et les mots de « prostituée », de « honte publique » furent chuchotés si haut qu'elle leva la tête. Alors elle promena sur ses voisins un regard tellement provocant et hardi qu'un grand silence aussitôt régna, et tout le monde baissa les yeux à l'exception de Loiseau, qui la guettait d'un air émoustillé.

Mais bientôt la conversation reprit entre les trois dames que la présence de cette fille avait rendues subitement amies, presque intimes. Elles devaient faire, leur semblait-il, comme un faisceau de leurs dignités d'épouses en face de cette vendue sans vergogne ; car l'amour légal le prend toujours de haut avec son libre confrère.

Boule de suif

1. UN PORTRAIT SENSUEL

Le personnage qui donne son nom à la nouvelle est nettement campé, grâce à l'accumulation des caractérisants : on peut noter la série d'épithètes détachées ouvrant la première phrase (« Petite, ronde de partout, grasse à lard [...] »). Dans cette perspective les images, très concrètes et picturales, ont pour rôle de donner à voir le personnage (« grasse à lard », « doigts [...] pareils à des chapelets de courtes saucisses », « Sa figure était une pomme rouge »). Les comparants appartiennent tous à un univers connu, familier, immédiatement repérable. Ils permettent d'autant plus facilement l'identification du personnage, en le particularisant de façon nette, par opposition, dans ce passage, aux autres personnages féminins toujours évoqués collectivement par le biais de formulations englobantes (« femmes honnêtes », « trois dames », « épouses »).

Le portrait est érotisé. Boule de suif éveille la curiosité et le désir (« air émoustillé »). La référence à sa profession (champ lexical de la vénalité), l'expression englobante et méliorative à dessein non explicitée (« qualités inappréciables ») participent de cette érotisation, ainsi que les notations descriptives empreintes d'une grande sensualité. La femme se fait paysage, résumant à elle seule la nature (« pomme rouge », « bouton de pivoine », « ombragés ») associée au désir (la couleur « rouge » connote ici la flamme de l'amour), et à l'épanouissement des forces vives (« bouton [...] prêt à fleurir »). Le corps est aussi nourriture (« lard », « pareils à de courtes saucisses », « appétissante », « pomme rouge » à croquer). Il s'offre en pâture aux regards. Désir et amour sont assimilés à une dévoration.

2. SIGNIFICATIONS

Le portrait a une fonction narrative ici, dans la mesure où il préfigure l'appétit de l'officier allemand, son désir de Boule de suif. La jeune femme résistera à ses avances. Par ailleurs, il possède une fonction symbolique, car il permet d'opposer le clan des marginaux et celui des gens « honnêtes » que dévalorise explicitement le narrateur dans son intrusion au présent de l'indicatif (« l'amour légal le prend toujours de haut avec son libre confrère »). Si l'amour vénal est le « confrère » de « l'amour légal », c'est que les femmes « honnêtes » ne sont pas si différentes que cela de l'héroïne. Par ailleurs, la dénonciation (« prostituée », « honte publique ») semble n'avoir d'autre raison que la rivalité féminine, et non une considération morale, puisque le texte prend bien soin de préciser que Boule de suif était « courue » et, « disait-on », « pleine de qualités ».

■ *Le portrait du personnage trahit de la part du narrateur une évidente sympathie. L'assemblée des honnêtes gens, au contraire, est critiquée pour son hypocrisie et son manque d'humanité. Boule de suif, dévalorisée par des « gredins » et comme réifiée par eux (« honte publique ») est d'ores et déjà désignée comme victime. En dépit de son sacrifice, elle sera toujours une exclue. A travers elle, Maupassant fait le procès des bien-pensants.*

L'EXPÉRIENCE VÉCUE

L'ARTISTE

LE FANTASTIQUE

■ LE PESSIMISME

L'USURE DU TEMPS

Les personnages de Maupassant redoutent la fuite du temps. Ils guettent avec anxiété les premiers symptômes du vieillissement, et essaient vainement de lutter contre le courant qui les entraîne irrésistiblement vers la mort.

NOSTALGIE ET NARRATION RÉTROSPECTIVE

La narration est toujours postérieure à la fiction : le narrateur raconte une aventure qui lui est arrivée. Il existe donc un décalage temporel entre l'acte d'écriture et l'histoire vécue que prend en charge la narration. Ce décalage est particulièrement apte à exprimer la nostalgie d'un passé disparu. Ainsi, dans *Souvenir*, le narrateur déclare : « J'en veux dire une de ces aventures. Elle date de douze ans et me paraît déjà si vieille, si vieille, qu'elle me semble maintenant à l'autre bout de ma vie, avant le tournant, ce vilain tournant d'où j'ai aperçu tout à coup la fin du voyage. » Dans beaucoup de nouvelles, le décalage est redoublé. En effet, le récit initial, au passé, met en scène un narrateur qui passe le relais à un second narrateur. Ce dernier raconte alors une histoire qui plonge encore plus avant dans le passé, et s'éloigne donc encore plus du temps de l'écriture. C'est ce qui se produit dans *Menuet* : le premier narrateur rapporte les propos passés d'un certain Jean Bridelle (« Les grands malheurs ne m'attristent guère, dit Jean Bridelle, un vieux garçon qui passait pour sceptique. ») qui devient dès lors le narrateur d'une histoire « très vieille, mais vive comme d'hier ». Et d'évoquer sa jeunesse, le bonheur trouvé dans la tranquillité d'une pépinière. Ainsi, l'écriture ressuscite les jours défunts. Elle est la seule à pouvoir lutter contre le temps.

UN CONSTAT DE SÉNESCENCE

Le miroir révèle l'usure du temps. Le personnage, se sentant jeune encore, ne peut se reconnaître dans son double spéculaire. Le comte de Lormerin, « comme il passait, une bougie à la main, devant sa glace, devant sa grande glace où il s'était contemplé et admiré avant de partir », voit « un homme mûr à cheveux gris » (*Fini*). De même, Any de Guilleroy (*Fort comme la mort*) découvre dans le miroir une étrangère, qui n'est pourtant autre qu'elle-même, mais métamorphosée par le deuil de sa mère : « Son visage, qu'elle connaissait si bien, qu'elle avait si souvent regardé en tant de miroirs divers, dont elle savait toutes les expressions, toutes les gentillesses (...) lui sembla tout à coup celui d'une autre femme, un visage nouveau qui se décomposait, irréparablement malade. » Ainsi confrontés au vieillissement, les personnages cherchent à arrêter la fuite du temps.

UNE LUTTE DÉRISOIRE

Pour conjurer le temps et ses effets destructeurs, les personnages masculins s'adonnent aux exercices physiques. Olivier Bertin s'entraîne devant la glace avec des haltères, et suit d'un « regard complaisant l'effort tranquille et puissant » des « boules de fonte ». Les femmes se maquillent. Any rêve

Gustave Courbet, Femme au miroir, *1860.*

devant sa table de toilette où s'étalent tous les instruments « destinés à des besognes délicates et secrètes ». Pour effacer le chagrin du deuil qui l'a fait vieillir brusquement, elle « les [manie] de ses doigts savants », et ne descend retrouver Bertin que lorsqu'elle est « sûre que le premier regard qu'il lui jetterait ne serait pas trop défavorable ». Proche du maquillage, le masque permet lui aussi de se donner l'illusion de la jeunesse (*Le Masque*). Mais cette illusion est encore plus complète quand le personnage vieillissant aime à nouveau : « Il [Bertin] se sentait au cœur une envie de plaire, d'être galant et spirituel, comme aux jours les plus fringants de sa jeunesse. »

Cependant, toutes ces tentatives échouent. Le temps affirme sa puissance sur les êtres et les soumet à sa loi. Dans la rivalité qui l'oppose à sa fille, la mère est détrônée (*Fort comme la mort*). Alors que dans la première partie le roman souligne la ressemblance d'Any et d'Annette, dans la deuxième il dissocie les deux femmes. Any n'a plus qu'à s'effacer : « Ce soir-là, pour la première fois, elle avait compris que dans son salon (...) une autre, sa fille, prenait sa place (...) allait devenir la souveraine. » Le personnage du *Masque* — ses vingt-cinq ans sont bien loin — danse d'une manière si violente qu'il s'évanouit. Quant à Bertin, nul pacte diabolique ne peut lui permettre de retrouver sa jeunesse, même si, comble de l'ironie, il assiste à une représentation de *Faust* à l'Opéra.

■ *Apparu tardivement dans l'œuvre, le thème du vieillissement est sans doute lié à l'aggravation de la maladie chez un auteur dont la sensibilité ne le prédisposait d'ailleurs pas à l'optimisme. Le regard des personnages se tourne toujours en arrière, pour retenir quelque chose d'un passé évanoui, même s'il n'a pas été heureux. Maupassant, quant à lui, s'est battu avec l'œuvre à écrire, pour qu'elle soit trace et monument.*

LA SOLITUDE

Les personnages de Maupassant sont rarement en accord avec eux-mêmes et le monde qui les entoure. Misanthropes, ils condamnent et fuient leurs semblables, espérant trouver un équilibre sinon le bonheur dans la solitude.

LE REJET DU MONDE ET DE SOI

Ces personnages font souvent l'expérience douloureuse d'un décalage. Issus d'une autre époque qu'ils regrettent, ils ne comprennent pas le monde dans lequel ils continuent néanmoins de vivre, sans cesse hantés par le souvenir d'un temps disparu. La nouvelle intitulée *Menuet* et recueillie dans les *Contes de la Bécasse* évoque une danse du XVIIIe siècle, et met en scène deux vieillards, un homme et une femme, que rapprochent un amour défiant le temps et leur commune appartenance au siècle de Louis XV. Chaque jour ils se promènent dans le jardin du Luxembourg et chaque jour ils dansent, protégés des regards indiscrets par les « murs de feuilles », le menuet tombé en désuétude, cette « reine des danses, et la danse des reines ». « Exilés sans espoir », ils font en quelque sorte figure d'étrangers en ce XIXe siècle où ils ne peuvent guère se reconnaître.
Le décalage peut être vécu, indépendamment de l'époque, par rapport au monde et à l'humanité en général. C'est le cas du narrateur de cette même nouvelle, qui juge ses « camarades » trop « bruyants » et ne semble guère apprécier la vie parisienne. Ce rejet du monde extérieur peut aller jusqu'à la hantise, et devenir agoraphobie. Dans *Qui sait ?*, Paris est un lieu de torture pour le narrateur mis au supplice par « cette immense foule qui grouille » et se referme sur lui tel un piège.
Enfin, il peut s'agir d'un décalage par rapport à soi : le personnage est amené à se juger, comme le malheureux héros de *L'Ermite*, coupable involontaire d'un inceste qui lui inspire un profond dégoût de lui-même.

LA SOLITUDE : UNE FUITE, UN REFUGE

La solitude s'offre alors comme un refuge expiatoire ou apaisant. Le personnage de l'ermite a quitté Paris parce que cette ville est trop étroitement associée à son crime. Il s'établit sur « ce mont pointu et boisé qui se détache derrière La Napoule, tout seul en avant des cimes de l'Esterel ». Et il vit là, dans un temple au sommet de ce « mont des Serpents » : il est « las de tout, irrémédiablement désillusionné et dégoûté de lui-même comme du reste ». Il choisit la solitude parce que son crime l'exclut de fait de la communauté des hommes. La solitude est son expiation.
Une version plus euphorique du thème fait de la solitude un plaisir,

voire une «[volupté]» (*Menuet*). Le solitaire aime les espaces clos et circonscrits : ainsi le narrateur de *Qui sait ?* jouit de l'apaisement que procure le repos «dans le silence de [sa] demeure perdue, cachée, noyée sous les feuilles des grands arbres». Dans *Menuet*, la pépinière isole le personnage, le protège du monde extérieur. C'est dans cet espace qu'il peut trouver le calme nécessaire et donner libre cours à son humeur rêveuse. Pour une fois, la thématique de l'encerclement n'est pas l'indice d'un péril, sans doute parce qu'entre le monde et le personnage s'interpose le jardin : «Parfois je laissais retomber le livre sur mes genoux (...) pour écouter autour de moi vivre Paris». Autre motif associé au thème, la nuit rassure le solitaire par sa présence enveloppante. Elle le protège en le cachant, lui permet parfois d'accéder à la vérité profonde de son être, comme le montrent ces phrases (*La Nuit*) : «A mesure que l'ombre grandit, je me sens tout autre, plus jeune, plus fort, plus alerte, plus heureux. Je la regarde s'épaissir, la grande ombre douce tombée du ciel : elle noie la ville, comme une onde insaisissable et impénétrable, elle cache, efface, détruit les couleurs, les formes, étreint les maisons, les êtres, les monuments de son imperceptible toucher.» La solitude et la nuit favorisent la rencontre avec soi-même, avec un soi régénéré par la contemplation du paysage nocturne qui atténue toutes les arêtes, les dissout dans une ombre uniforme.

■ *La solitude entraîne la mise entre parenthèses du monde extérieur, elle favorise aussi l'oubli d'un passé douloureux. Dans le meilleur des cas, elle est jouissance d'une identité retrouvée et d'une harmonie avec la nature. Libératrice et apaisante, elle met une distance bienfaisante entre le personnage et le monde dont il veut s'abstraire parce qu'il l'a jugé.*

UNE NÉCESSITÉ IRRÉSISTIBLE

J'ai toujours été un solitaire, un rêveur, une sorte de philosophe isolé, bienveillant, content de peu, sans aigreur contre les hommes et sans rancune contre le ciel. J'ai vécu seul, sans cesse, par suite d'une sorte de gêne qu'insinue en moi la présence des autres. Comment expliquer cela ? Je ne le pourrais. Je ne refuse pas de voir le monde, de causer, de dîner avec des amis, mais lorsque je les sens depuis longtemps près de moi, même les plus familiers, ils me lassent, me fatiguent, m'énervent, et j'éprouve une envie grandissante, harcelante, de les voir partir ou de m'en aller, d'être seul.

Cette envie est plus qu'un besoin, c'est une nécessité irrésistible. Et si la présence des gens avec qui je me trouve continuait, si je devais, non pas écouter, mais entendre longtemps encore leurs conversations, il m'arriverait, sans aucun doute, un accident. Lequel ? Ah ! qui sait ? Peut-être une simple syncope ? oui ! probablement !

Qui sait ?

LE REGRET

Le retour dans le domaine normand des Peuples, postérieur au voyage de noces, marque le début du désenchantement. Après les rêves de bonheur, Jeanne éprouve le « pressentiment des longs ennuis de la vie monotone » qui s'ouvre devant elle.

Puis elle s'assit sur le talus où Julien, pour la première fois, lui avait parlé d'amour ; et elle resta là, rêvassant, presque sans songer, alanguie, jusqu'au cœur, avec une envie de se coucher, de dormir pour échapper à la tristesse de ce jour.

Tout à coup, elle aperçut une mouette qui traversait le ciel, emportée dans une rafale ; et elle se rappela cet aigle qu'elle avait vu, là-bas, en Corse, dans le sombre val d'Ota. Elle reçut au cœur la vive secousse que donne le souvenir d'une chose bonne et finie ; et elle revit brusquement l'île radieuse avec son parfum sauvage, son soleil qui mûrit les oranges et les cédrats, ses montagnes aux sommets roses, ses golfes d'azur, et ses ravins où roulent des torrents.

Alors l'humide et dur paysage qui l'entourait, avec la chute lugubre des feuilles, et les nuages gris entraînés par le vent, l'enveloppa d'une telle épaisseur de désolation qu'elle rentra pour ne point sangloter.

Une vie

1. TEMPS DU RÉCIT, TEMPS DU SOUVENIR

Le passé simple s'oppose au plus-que-parfait (« avait parlé », « avait vu ») qui engage une époque antérieure à celle que désigne le passé simple. Cette antériorité est chronologique, mais aussi affective : le passé, celui du sentiment amoureux, celui du voyage, est valorisé, comme en témoignent le champ lexical de la perte (« finie ») et la réflexion d'ordre général qui évoque le mécanisme du souvenir et son pouvoir magique de résurrection (« elle revit brusquement l'île radieuse »).

2. LIEU DU RÉCIT, LIEU DU SOUVENIR

Deux éléments du décor sont investis d'une charge symbolique. Le « talus » (lié par métonymie à l'amour de Julien) et la « mouette » (qui rappelle, toujours par métonymie, l'« aigle » aperçu en Corse) permettent l'entrée dans un temps autre, celui de la remémoration, et l'accès à un monde à jamais perdu : « là-bas » signale la distance qui ne sera jamais plus comblée entre un ici décevant et un ailleurs mythifié.
L'évocation de l'ici (le pays normand) est dysphorique, comme le montrent les connotations négatives (« dur », « lugubre »), la thématique de la chute associée à la mort (« chute lugubre des feuilles ») et le motif du piège (Jeanne veut « échapper à la tristesse de ce jour »).
Par opposition, l'évocation de l'ailleurs est euphorique : noms propres qui réfèrent à une réalité lointaine et attirante (« Corse », « Ota »), sensations qui disent le rapport heureux du corps au monde (notations visuelles de couleur et d'éclat, promesse de jouissance gustative liée au mûrissement des « oranges » et des « cédrats »). De plus, l'énumération des différentes composantes du paysage (« golfes », « ravins », ...) ainsi que le contraste entre l'ombre et la lumière (« sombre », « soleil ») témoignent de la diversité de cette nature exotique.

3. PAYSAGE ET PERSONNAGE

Le paysage normand agit sur Jeanne (« et elle resta », « et elle se rappela » ont une valeur chronologique et consécutive), qui reste passive (« l'entourait », « l'enveloppa ») et victime d'intentions hostiles (elle est enfermée dans une « épaisseur de désolation »). En fait, le personnage projette sur le décor son état d'âme, ce qui explique l'anthropomorphisation du paysage : le « jour » n'est « triste » (personnification) que parce que Jeanne est en proie à la mélancolie.

■ *Le paysage, emblématique, symbolise le destin du personnage en préfigurant sa solitude. Condamnée au regret, Jeanne idéalise l'origine : les débuts de l'amour, le voyage de noces. Mais le mariage n'a-t-il pas commencé par un traumatisme ? De ce traumatisme (la nuit de noces), point de trace ici. L'héroïne, pour lutter contre la déception, se construit une existence fictive, faite de rêves et de souvenirs tronqués.*

L'EXPÉRIENCE VÉCUE

L'ARTISTE

LE FANTASTIQUE

■ LE PESSIMISME

LE JARDIN REFUGE

Avant de raconter la rencontre insolite avec un couple de vieillards, amoureux nostalgiques des danses de leur jeunesse, le narrateur trace un autoportrait qui met en évidence son goût de la solitude et son exil volontaire de la société des hommes.

J'ai cinquante ans. J'étais jeune alors et j'étudiais le droit. Un peu triste, un peu rêveur, imprégné d'une philosophie mélancolique, je n'aimais guère les cafés bruyants, les camarades braillards, ni les filles stupides. Je me levais tôt ; et une de mes plus chères voluptés était de me promener seul, vers huit heures du matin, dans la pépinière du Luxembourg. (...) Des haies touffues séparaient les allées étroites et régulières, allées calmes entre deux murs de feuillage taillés avec méthode. Les grands ciseaux du jardinier alignaient sans relâche ces cloisons de branches ; et, de place en place, on rencontrait des parterres de fleurs, des plates-bandes de petits arbres rangés comme des collégiens en promenade, des sociétés de rosiers magnifiques ou des régiments d'arbres à fruits.

Tout un coin de ce ravissant bosquet était habité par les abeilles. Leurs maisons de paille, savamment espacées sur des planches, ouvraient au soleil leurs portes grandes comme l'entrée d'un dé à coudre ; et on rencontrait tout le long des chemins les mouches bourdonnantes et dorées, vraies maîtresses de ce lieu pacifique, vraies promeneuses de ces tranquilles allées en corridors.

Je venais là presque tous les matins. Je m'asseyais sur un banc et je lisais. Parfois je laissais retomber le livre sur mes genoux pour rêver, pour écouter autour de moi vivre Paris, et jouir du repos infini de ces charmilles à la mode ancienne.

Menuet

1. LE REFUS DU MONDE

Les causes de ce refus sont la « philosophie mélancolique » (peut-être celle de Schopenhauer) dont le narrateur est imprégné, et le désagrément suscité par le monde extérieur, associé au bruit et à la bêtise. Le jeu sur les sonorités mime les sensations auditives dysphoriques que le narrateur considère comme emblématiques du monde qu'il veut quitter : « bruyants » et « braillards » ont une attaque semblable ; on peut noter également la présence du suffixe péjoratif. Les trois éléments (« cafés », « camarades », « filles »), placés dans une même énumération, sont de ce fait équivalents. Sur un plan affectif, ils représentent ce que le narrateur a le plus en horreur.
Celui-ci cherche donc un refuge dans la solitude, assimilée au plaisir amoureux (« voluptés »), et source d'une jouissance narcissique.

2. UN LIEU RASSURANT

Ce lieu, la pépinière du Luxembourg, symbolise l'ordre (« séparaient », « régulières », « avec méthode ») et la beauté harmonieuse d'une nature apprivoisée par l'homme (adjectifs mélioratifs tels « ravissant », « magnifiques »).
De plus, il offre au narrateur une présence humaine substitutive, dans la mesure où l'anthropomorphisation du paysage (nombreuses personnifications : « sociétés de rosiers », « vraies maîtresses du lieu »...) réintroduit, au moins imaginairement, cette société tant haïe, en en gommant les aspects négatifs : ne subsistent plus que des images rassurantes, et ce d'autant plus que le monde humain ainsi reproduit est miniaturisé (« grandes comme l'entrée d'un dé à coudre ») comme pour en conjurer les aspects les plus effrayants.

3. UN LIEU AMBIGU

Cependant, le jardin est ambigu. L'ordre masque mal une violence latente (image militaire des « régiments d'arbres », « ciseaux du jardinier ») et l'enfermement que suggèrent les comparaisons avec les univers clos du collège et de l'armée. Dans le jardin, le désir charnel est vécu de manière substitutive (les « abeilles » sont les « vraies maîtresses » et s'opposent ainsi aux « filles stupides »), comme si le personnage confondait la réalité et l'illusion. La mort, enfin, n'est pas loin (référence au XVIIIe siècle, comparaison avec un « sourire de vieille », métaphore du « repos infini »).

■ *Le passage, intéressant par ses ambiguïtés, repose sur une opposition entre la réalité inquiétante du jardin et l'apparence du bonheur qu'il semble offrir. Les indices euphoriques d'ordre et de tranquillité sont réversibles. Ils suggèrent aussi l'absence de liberté, la contrainte, et inscrivent en creux la présence de la mort.*

AUTRUI

L'univers de Maupassant est régi par le renversement. Ce qui semblait libérer l'individu se retourne contre lui à la façon d'un piège. La solitude trahit en creux la nécessaire présence d'autrui et l'échec d'une communication idéale.

UNE PRÉSENCE NÉCESSAIRE

Même au plus profond de la solitude on n'est jamais seul. On mime la présence d'autrui, comme dans *Menuet*, où les images personnifient le décor naturel et réintroduisent l'être humain, fût-ce de façon métaphorique, dans un lieu où il est en théorie absent. De même, le narrateur-personnage de *La Nuit* assimile l'espace de sa solitude, cette nuit tant aimée, à sa patrie ou encore à « sa maîtresse », celui d'*Un cas de divorce* peuple ses serres de femmes imaginaires : « J'aime les fleurs, non point comme des fleurs, mais comme des êtres matériels et délicieux ; je passe mes jours et mes nuits dans les serres où je les cache ainsi que les femmes des harems. » Ce besoin d'une présence substitutive, qui passe par la personnification d'êtres inertes ou d'objets, souligne en creux un échec, et la dégradation d'un idéal.

UNE RELATION MANQUÉE

La solitude est le résultat d'une faillite. Faillite du couple et de la famille dans *Pierre et Jean* : le personnage de Pierre découvre le secret maternel, un adultère ancien jamais soupçonné, et en conçoit de la haine pour sa mère. Le savoir auquel il accède (tromperie de la mère, Jean n'est que son demi-frère) lui est insupportable. Il le porte comme un fardeau qui fait de lui un étranger au sein de sa propre famille, un étranger parmi les hommes. Pour échapper à la pensée obsédante, il se rend sur la plage de Trouville (chapitre V du roman) : « Pierre marchait au milieu de ces gens, plus perdu, plus séparé d'eux, plus isolé, plus noyé dans sa pensée torturante, que si on l'avait jeté à la mer du pont d'un navire, à cent lieues au large. » Exclusion, séparation, solitude absolue : la comparaison hyperbolique (« plus noyé... que si... ») en témoigne. Dans *Une vie*, la solitude de Jeanne est également le fruit d'un échec, ou plutôt d'échecs successifs, le personnage allant de désillusion en désillusion. Elle attend tout de l'amour conjugal et maternel : son mari lui est infidèle et elle se sentira trahie par son fils.

UNE SOLITUDE ONTOLOGIQUE

Il ne faut cependant pas croire que la solitude soit simplement l'effet de circonstances malheureuses. Indépendamment des circonstances, des conditions accidentelles que la vie impose, et quel que soit le degré d'attachement qui lie deux êtres, l'homme se retrouve irrémédiablement seul. Même dans l'amour partagé, l'union véritable est impossible. « Notre grand tourment dans l'existence vient de ce que nous sommes éternellement seuls, et tous nos efforts, tous nos actes ne tendent qu'à fuir cette solitude » (*Solitude*). Il s'agit d'une solitude inhérente à la condition humaine, d'une solitude de la pensée et d'une incompréhension généralisée : « Non, personne ne comprend personne (...) La Terre sait-elle ce qui se passe dans ces étoiles que voilà, jetées comme une graine de feu à travers l'espace (...)? Eh bien, l'homme ne sait pas davantage ce qui se passe dans un autre homme. Nous sommes plus loin l'un de l'autre que ces astres, plus isolés surtout, parce que la pensée est insondable » (*Ibid.*). L'idéal, pour l'être maupassantien, serait la fusion avec l'autre. Elle demeure à jamais inaccessible : « Un torturant besoin d'union nous travaille, mais tous nos efforts restent stériles, nos abandons inutiles, nos confidences infructueuses, nos étreintes impuissantes, nos caresses vaines » (*Ibid.*). L'amour comme l'amitié sont de toute façon, et bien au-delà de circonstances particulières et fortuites, des remèdes inefficaces ; ils ne permettent pas de s'arracher à la solitude ontologique.

On n'est donc pas surpris que certaines situations exacerbent le sentiment de solitude déjà profondément ancré au cœur de l'être. La solitude devient alors dangereuse, et mène à la folie et à la mort. Dans *L'Auberge*, le jeune Ulrich, après la disparition dans la montagne de son ami le vieux Gaspard, se retrouve seul dans le refuge qu'il doit garder tout l'hiver, au milieu des étendues hostiles et glacées. Il sombre peu à peu dans la folie, croyant entendre son compagnon l'appeler au-dehors. Il se sent menacé par cette âme perdue qui rôde et veut l'entraîner pour le punir de n'avoir pas assez cherché son camarade agonisant dans un ravin.

■ *La relation à autrui est donc marquée au sceau d'une impossibilité dont la solitude est le signe. Plaisir passager et illusoire, celle-ci témoigne en effet de la faillite d'un idéal de bonheur compris en termes d'union et de fusion. Toujours insaisissable, autrui met l'individu face à lui-même, et à cette solitude d'autant plus dangereuse que tout « [ce] qu'on aime avec passion finit toujours par vous tuer ».*

DOCUMENT : UNE PASSANTE

La rue assourdissante autour de moi hurlait.
Longue, mince, en grand deuil, douleur majes-
[tueuse,
Une femme passa, d'une main fastueuse
Soulevant, balançant le feston et l'ourlet ;

Agile et noble, avec sa jambe de statue.
Moi, je buvais, crispé comme un extravagant,
Dans son œil, ciel livide où germe l'ouragan,
La douceur qui fascine et le plaisir qui tue.

Un éclair... puis la nuit ! — Fugitive beauté
Dont le regard m'a fait soudainement renaître,
Ne te verrai-je plus que dans l'éternité ?

Ailleurs, bien loin d'ici ! trop tard ! *jamais*
[peut-être !
Car j'ignore où tu fuis, tu ne sais où je vais,
Ô toi que j'eusse aimée, ô toi qui le savais !

Baudelaire, Les Fleurs du mal.

UNE VIE (1883)

Le premier roman de Maupassant est le récit d'un impossible bonheur. Placé sous le signe du désenchantement, il détruit de façon systématique les rêves de Jeanne de Lamare, son héroïne, en les confrontant à la réalité et à l'usure du temps.

JEANNE ET SES MODÈLES LITTÉRAIRES

Le premier roman de Maupassant est d'inspiration flaubertienne. Tout comme *L'Éducation sentimentale*, c'est le récit d'un échec et d'une éducation manquée : le personnage principal n'apprend rien, ne retire rien de son expérience si ce n'est une amère désillusion pour s'être laissé prendre au piège de l'amour charnel, filial ou maternel. Par ailleurs, l'oscillation perpétuelle entre les rêves et la banalité quotidienne, l'éducation reçue, les lectures romanesques, font de Jeanne une proche parente d'Emma Bovary. A sa sortie du couvent, elle imagine un avenir radieux. Le narrateur la dépeint comme un être plein de « sèves et d'appétits de bonheur, [prêt] à toutes les joies, à tous les hasards charmants que dans le désœuvrement des jours, la longueur des nuits, la solitude des espérances, son esprit avait déjà parcourus » (chap. I). Or, le roman se fonde sur un décalage constant entre la réalité décevante et les espoirs de bonheur.

UN « LIVRE SUR RIEN »

Flaubert voulait faire un « livre sur rien ». Quand Maupassant lui lit le projet d'*Une vie*, son maître laisse éclater son enthousiasme : ce roman à peine ébauché encore ne laisse-t-il pas présager que le néant constituera la matière première de la fiction romanesque ? Certes, la vie de Jeanne est marquée par des événements importants (son mariage suivi du voyage de noces en Corse, dont elle garde un souvenir ébloui, les trahisons de son mari, la naissance de son fils, la mort de sa mère, celle de son mari) mais sans cesse reviennent dans le roman des formules qui disent l'horrible monotonie d'une durée vide et d'un temps qui ne produit rien : « Et la journée s'écoula comme celle de la veille, froide, au lieu d'être humide. Et les autres jours de la semaine ressemblèrent à ces deux-là ; et toutes les semaines du mois ressemblèrent à la première » (chap. VI). Le « Et » à l'ouverture de ces phrases semble inaugurer un mouvement. Mais sa valeur dynamique d'élan est aussitôt contredite par le contexte : les pluriels (« les autres jours », « ces deux-là », « toutes les semaines » ...) englobent des durées de fait différentes, mais qui se valent dans leur nullité et l'ennui qu'elles sécrètent. La ressemblance, traduite dans le lexique, mais aussi dans la syntaxe, puisque les propositions obéissent toutes au même schéma qui consiste à faire suivre le terme comparé de son terme comparant (« journée »/« celle de la veille » ; « autres jours »/« ces deux-là » ; « toutes les semaines »/« la première ») est synonyme d'un enlisement dans la répétition. Deux chapitres plus loin on peut lire : « Et rien de nouveau n'arriva plus jusqu'aux derniers jours de juillet. » Le leitmotiv, sous ses formes diverses, rejette dans l'indifférenciation des pans entiers de l'existence de Jeanne, appelés à se confondre parce qu'ils ne sont porteurs d'aucun événement notable ni d'aucune modification psychologique : ils rejoignent la grisaille liée à la monotonie, ou mieux encore le motif de la blancheur, récurrent dans le roman, et particulièrement apte à suggérer le néant et le vide.

La répétition des jours est mimée par le mouvement même de l'écriture, qui multiplie les scènes en écho : il y a deux promenades à Yport, deux visites aux voisins, deux évocations de calendriers... La réduplication suggère l'unité profonde d'une vie marquée par l'enlisement et la répétition, par l'habitude qui « [met] sur [la] vie une couche de résignation pareille au revêtement de calcaire que certaines eaux déposent sur les objets » (chap. VI).

Mais les scènes qui se répondent ne sont jamais semblables. Quant au chap. IX, Jeanne décide de revoir le bois où, « pour la première fois, elle avait senti frémir son corps auprès de ce jeune homme [Julien] qui l'aimait alors », elle s'y rend seule, et ce « pèlerinage sentimental et superstitieux » lui fait mesurer le décalage entre le passé et le présent : voyant, attachés à un arbre, les chevaux de son mari et de Gilberte de Fourville, les deux cravaches à terre ainsi qu'un gant de femme, elle comprend tout à coup l'odieuse vérité et s'enfuit. Le temps est loin, où Julien lui promettait un éternel amour. Par conséquent, les scènes en écho montrent non seulement que le passé n'est plus, mais que le présent le nie et le dégrade.

■ *Ainsi, tout dans* Une vie *se trouve emporté dans un vaste mouvement négateur. Envers d'un roman d'éducation, le texte procède à la déconstruction de quelques lieux communs de la représentation et de l'écriture. Le mythe du héros positif et de la réussite s'effondre, tandis que s'élabore une conception originale du temps romanesque, sommé de dire le vide. La véritable aventure, ici, est celle de l'écriture.*

DEUX JUGEMENTS

Sur l'œuvre :

« Exubérance de santé, style chaud comme du sang, phrase musclée et d'aplomb, attaches solides d'athlète, j'ai retrouvé tout Guy de Maupassant. »

Paul Alexis

Sur l'adaptation d'* Une vie *(en 1957) par Alexandre Astruc :

« La beauté d'*Une vie* réside autant dans ce qui n'est pas directement montré que dans ce qui l'est, dans la suggestion que Mallarmé réclamait comme loi du poème. »

Raymond Bellour

BEL-AMI (1885)

A* Une Vie, *roman flaubertien, s'oppose* Bel-Ami, *dont le modèle est plutôt balzacien. Nouveau Rastignac, Georges Duroy poursuit une carrière fulgurante. Les femmes et le journalisme sont au service de son ambition. Mais, bien que récit d'une métamorphose, voire d'une transfiguration, le roman n'est pas pour autant une profession de foi optimiste. Plusieurs ombres à ce tableau brillant projettent sur l'œuvre le noir éclat de la déchéance, de la solitude et de la mort.

LES FEMMES

Elles sont le meilleur moyen de parvenir. Duroy sera donc un séducteur. Son portrait, tel qu'il se dessine tout au long du roman, combine caractéristiques masculines et féminines. Érotisme viril : le personnage porte bien l'uniforme, est « joli garçon », et porte l'attribut viril par excellence, la moustache : « Grand, bien fait, blond, d'un blond châtain vaguement roussi, avec une moustache retroussée, qui semblait mousser sur sa lèvre, des yeux bleus, clairs, troués d'une pupille toute petite, des cheveux frisés naturellement, séparés par une raie au milieu du crâne, il ressemblait bien au mauvais sujet des romans populaires. » En même temps, séduction toute féminine de cet « homme-fille », mélange de lâcheté, de rouerie, qui retourne contre la femme à séduire les mêmes armes que celles dont elle le menace. Une fois séduite, la femme n'a plus qu'à donner ce qui permettra de gravir, un à un, les degrés de l'échelle sociale.

Certes, elles apportent le plaisir (Clotilde de Marelle : « une bien gentille maîtresse »), mais elles sont avant tout des initiatrices. La conversation spirituelle et légère de Mme de Marelle lui révèle un certain ton bien parisien. Madeleine Forestier lui apporte sa connaissance approfondie du journalisme, de la politique et de la finance. Quant à Mme Walter, elle dévoile le secret d'une spéculation, en « femme de financier, habituée à voir machiner les coups de bourse ». Duroy reçoit des femmes sans nom. Madeleine lui trouve son nom de plume, « Du Roy de Cantel », tandis que Laurine, la fille de Mme de Marelle, invente pour lui le surnom de « Bel-Ami », qui connaît aussitôt une fortune extraordinaire et contribue en quelque sorte à la promotion du personnage. Bel-Ami hérite aussi du talent de Madeleine : celle-ci lui souffle son premier reportage et, plus tard, l'inspire très largement dans la rédaction de l'article sur l'affaire du Maroc. Don de l'argent : Madeleine, mariée à Bel-Ami après la mort de Forestier, accepte de partager avec lui la succession du comte Vaudrec, qui a fait d'elle son unique héritière. N'ayant nullement été couché sur le testament, il lui extorque de fait cinquante mille francs, en prétextant les risques que ne manqueront pas de faire courir à leur réputation des rumeurs désobligeantes. Don de la position sociale, enfin. Divorcé d'avec Madeleine qu'il a convaincue d'adultère, il fait un beau mariage en épousant Suzanne, la fille de celui que l'on appelle désormais « Monsieur Walter », devenu « un des maîtres du monde », grâce au coup de Bourse.

LE JOURNALISME

Si les femmes constituent le moyen de la réussite, la voie que le jeune homme s'est choisie dans sa conquête du pouvoir et de la richesse est celle du journalisme, terrain privilégié pour un arriviste. Liée à l'argent et au pouvoir, la presse exerce une influence considérable « sur le public et sur la rente ». La rubrique des « échos », par exemple, qui présente de façon alléchante les faits divers les plus sensationnels et les événements mondains, permet de lancer des nouvelles, vraies ou fausses, de faire « courir les bruits », bref, de manipuler l'opinion. Or, Maupassant choisit pour son personnage le cadre de *La Vie française*, « une de ces feuilles interlopes, sorte d'agence d'une bande de tripoteurs politiques et d'écumeurs de bourses » rompus à toutes les spéculations. Ce journal fait beaucoup de bruit autour de l'affaire marocaine (qui transpose, sur fond d'ambitions coloniales, l'affaire tunisienne de 1881), multiplie les informations fausses, et finit par obtenir la chute du ministère. C'est au terme de cette campagne que Walter s'enrichit considérablement et que Bel-Ami recueille les miettes substantielles du fameux coup de Bourse.

RÉUSSITE ET TRANSFIGURATION

La comparaison de l'incipit et de la fin du roman est particulièrement significative. Au début, Duroy n'a « en poche » que « trois francs quarante pour finir le mois ». La fin voit le couronnement de son ascension sociale : il épouse Suzanne Walter.

Les étapes de cette transformation qui arrache le personnage, fils de paysans normands, à sa condition sociale d'origine sont nettement marquées dans le roman. Duroy devient tout d'abord un modeste employé qui n'effectue que des besognes subalternes à *La Vie française*; puis il est nommé reporter, promu chef des « Échos » avant de se lancer dans la chronique politique, pour aboutir enfin à la place ô combien enviée de rédacteur en chef. Les changements successifs de domicile coïncident avec cette ascension : rue Boursault, rue de Constantinople, rue Fontaine, et, consécration suprême, rue du Faubourg Saint-Honoré. L'argent, qui est la matière même et le signe du pouvoir, suit évidemment la même courbe. Bel-Ami passe de 3,40 F à 340 F (premier article et acompte mensuel), bénéficie de la générosité des femmes (Mme de Marelle, puis Mme Walter qui lui prêtera l'argent pour le coup de Bourse). Devenu chef des « Échos », il gagne 1 200 F par mois. Madeleine Forestier, sa femme, vaut 40 000 F. L'héritage Vaudrec lui rapporte 500 000 F, et la spéculation financière 70 000 F.

Les miroirs sont les témoins de cette prodigieuse réussite. Le reflet qu'ils renvoient est chaque fois plus flatteur : « En arrivant au second étage, il aper-

çut une autre glace et il ralentit sa marche pour se regarder passer. Sa tournure lui parut vraiment élégante. Il marchait bien. Et une confiance immodérée en lui-même emplit son âme» (Ire partie, chap. II); «En arrivant sur le palier du premier étage, la flamme subite, éclatant sous le frottement, fit surgir dans la glace leurs deux figures illuminées au milieu des ténèbres de l'escalier (...). / Du Roy leva la main pour bien éclairer leurs images, et il dit, avec un rire de triomphe : "Voilà des millionnaires qui passent"» (IIe partie, chap. VI). Ainsi, tout est en place pour la transfiguration du personnage.
Il change de nom. Georges Duroy devient le baron Georges Du Roy de Cantel. Et le triomphe final est celui d'un roi «qu'un peuple venait acclamer», actualisant ainsi la promesse contenue dans le nom «Duroy». L'«Homme-Dieu» lui-même, «à l'appel de son prêtre, descendait sur la terre pour consacrer le triomphe du baron Georges Du Roy». Apothéose. Le personnage, devenu autre, est appelé à un destin glorieux qui l'élève au-dessus des simples mortels.

L'ENVERS DU DÉCOR

L'apparence brillante ne laisse cependant pas oublier le tableau critique d'une société corrompue. Le vice s'exhibe (les Folies-Bergère) ou se dissimule (voir la promenade au Bois). Il est indissociable de la réalité parisienne. La malhonnêteté triomphe (Walter), avec l'argent. L'ennui aussi, et la «comédie mondaine», dans les salons.

Au-delà de la critique sociale se laisse pressentir une inquiétude plus profonde, qui touche à la condition humaine. Ombre double de la solitude et de la mort, Norbert de Varenne, journaliste et poète, fait part à Duroy de l'«angoisse horrible» qui l'étreint dans «le silence de la chambre où l'on vit seul». Il l'entretient aussi de la vanité des choses humaines : «Il arrive un jour, voyez-vous, et il arrive de bonne heure pour beaucoup, où c'est fini de rire, comme on dit, parce que derrière tout ce qu'on regarde c'est la mort qu'on aperçoit». Ce discours détruit tout ce à quoi Bel-Ami aspire, l'amour, l'argent, la gloire, comme autant d'illusions qui ne peuvent rivaliser avec la certitude inéluctable de la mort. Il est le versant sombre de ce roman, l'envers de cette ascension fulgurante dont il dénonce l'inanité en invitant à une réflexion sur les fausses valeurs dont l'homme s'étourdit dans la grande parade sociale, en croyant tromper la mort.

■ *Roman de mœurs,* Bel-Ami *montre non sans cynisme le monde comme il va en dévoilant les dessous d'une réussite parisienne. A travers l'évolution d'un personnage, «aventurier» des temps modernes, Maupassant nous donne à voir le tableau d'une société arriviste et corrompue.*
Ainsi, derrière l'optimisme de façade, incarné par un héros destiné à réussir, et dont le triomphe final semble n'être que le premier de triomphes encore plus éclatants, se dissimulent la souffrance et la mort. Conquérir pour ne pas mourir? Belle illusion, dont le roman souligne la vanité.

DOCUMENT

LA VIE D'UN AVENTURIER

J'ai voulu simplement raconter la vie d'un aventurier pareil à tous ceux que nous coudoyons chaque jour dans Paris, et qu'on rencontre dans toutes les professions existantes.
Est-il, en réalité, journaliste ? Non. Je le prends au moment où il va se faire écuyer dans un manège. Ce n'est donc pas la vocation qu'il l'a poussé. J'ai soin de dire qu'il ne sait rien, qu'il est simplement affamé d'argent et privé de conscience. Je montre dès les premières lignes qu'on a devant soi une graine de gredin, qui va pousser dans le terrain où elle tombera. Ce terrain est un journal. Pourquoi ce choix, dira-t-on ?
Pourquoi ? Parce que ce milieu m'était plus favorable que tout autre pour montrer nettement les étapes de mon personnage ; et aussi parce que le journal mène à tout comme on l'a souvent répété. Dans une autre profession, il fallait des connaissances spéciales, des préparations plus longues. Les portes pour entrer sont plus fermées, celles pour sortir sont moins nombreuses. La Presse est une sorte d'immense république qui s'étend de tous les côtés, où on trouve de tout, où on peut tout faire, où il est aussi facile d'être un fort honnête homme que d'être un fripon. Donc, mon homme, entrant dans le journalisme pouvait employer facilement les moyens spéciaux qu'il devait prendre pour parvenir.
Il n'a aucun talent. C'est par les femmes seules qu'il arrive. Devient-il journaliste, au moins ? Non. Il traverse toutes les spécialités du journal sans s'arrêter, car il monte à la fortune sans s'attarder sur les marches. Il débute comme reporter, et il passe. Or, en général, dans la Presse, comme ailleurs, on se cantonne dans un coin, et les reporters, nés avec cette vocation, restent souvent reporters toute leur vie. On en cite devenus célèbres. Beaucoup sont de braves gens, mariés, qui font cela comme ils seraient employés dans un ministère. Duroy devient le chef des Échos : autre spécialité fort difficile et qui garde aussi ses gens quand ils y sont passés maîtres. Les Échos font souvent la fortune d'un journal, et on connaît dans Paris quelques échotiers dont la plume est aussi enviée que celle d'écrivains connus. De là Bel-Ami arrive rapidement à la chronique politique. J'espère, au moins, qu'on ne m'accusera pas d'avoir visé MM. J.-J. Weiss ou John Lemoine ? Mais comment me suspecterait-on d'avoir visé quelqu'un ?

Réponse aux critiques de Bel-Ami,
Gil Blas, *7 juin 1885.*

LE HORLA (1887)

Le Horla ***est le récit d'une aliénation progressive, qui conduit à reconnaître l'existence d'une créature invisible et menaçante, dont la venue annoncée figure l'accomplissement catastrophique du Temps (renversement du thème messianique).***

LE DISCOURS DU « JE »

La nouvelle emprunte la forme d'un journal daté du *8 mai* au *10 septembre*. Le « je » cherche à construire une image de soi, à fixer par l'écriture ses sentiments, ses impressions ou ses émotions. Chargé de rassembler les fragments épars d'une personnalité, ce journal dit plutôt l'impossibilité pour le sujet qui écrit de sauver son intégrité, son unité. De même qu'en se contemplant dans la glace, il ne se voit pas, son reflet ayant été dérobé, de même, écrivant, il ne se rencontre pas, il se perd, car il y a toujours à l'horizon de l'écriture cette présence autre qui le hante. Le texte ruine le constat initial (« Je suis seul ») pour faire apparaître, progressivement, le Horla caché et maléfique.

LES ÉTAPES DE L'ALIÉNATION

La première faille apparaît très tôt : après l'évocation d'une « journée admirable » passée dans le jardin devant sa maison, le narrateur ressent « un peu de fièvre » et tombe malade, frappé d'une « fièvre atroce » qui touche le corps et l'âme. L'arrivée du monstre est annoncée de façon voilée : « J'attends le sommeil comme on attendrait le bourreau. » Avant de hanter les jours du narrateur, le Horla hante ses nuits. C'est dans ses rêves, en effet, que le narrateur sent que « quelqu'un s'approche de [lui] » pour l'étouffer et l'étrangler. Le texte progresse dès lors par oscillations successives entre moments de crise, de souffrance et moments de rémission. Un voyage en Bretagne, suivi d'un autre à Paris, éloigne le narrateur de chez lui en le soustrayant à l'emprise maléfique, à tel point qu'il se croit guéri. Cependant, l'épisode de la carafe (quelqu'un boit l'eau ou le lait de la carafe pendant le sommeil du narrateur), et plus encore celui de la rose qui se casse toute seule et s'élève dans les airs, conduisent à une certitude angoissante : « Il existe près de moi un être invisible (...), qui peut toucher aux choses, les prendre et les changer de place, doué par conséquent d'une nature matérielle, bien qu'imperceptible pour nos sens, et qui habite comme moi, sous mon toit... ». A partir de cet instant, le narrateur-personnage entre dans un univers de cauchemar. Le journal témoigne de son trouble, le révèle jusque dans la succession des dates. Ainsi, la temporalité semble altérée puisque la date du *19 août* apparaît deux fois, trahissant ainsi la confusion d'un personnage dont le discours est de plus en plus haché. Le récit progresse ainsi vers un point culminant, paroxystique. Le narrateur met le feu à sa maison pour détruire le Horla, mais cet acte n'est en rien libérateur : « Non... non... sans aucun doute... il n'est pas mort... Alors... alors... il va donc falloir que je me tue, moi !... ». L'aliénation est donc parvenue à son terme, dans la mesure où la dépossession de soi, qu'elle procède de la folie ou, hésitation constitutive du genre fantastique, de la présence effective d'un être surnaturel, amène l'individu aliéné à envisager son suicide : présence excessive de l'Autre, qui ne laisse plus aucune place pour soi au point que la seule solution est de se tuer.

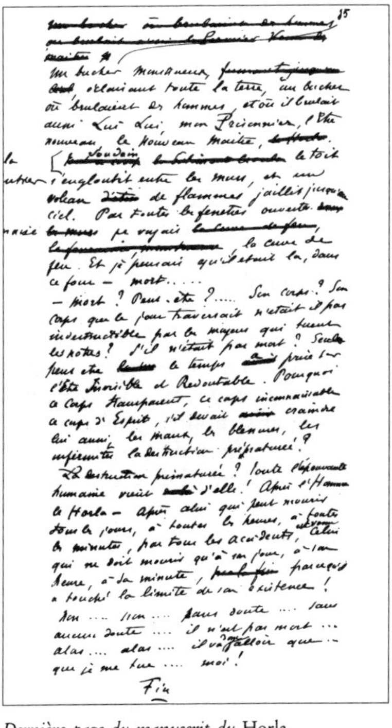

Dernière page du manuscrit du Horla.

LES THÈMES DU FANTASTIQUE DANS LE HORLA

Le fantastique est lié à l'indicible. Le nom « Horla » est vraisemblablement choisi par Maupassant pour désigner une créature à la fois absente et présente (« hors »-« là ») et dont la nature insaisissable (une « transparence opaque ») révèle le caractère limité de nos sens et de nos connaissances. Outre le motif du vampire qui se nourrit de la vie du narrateur, et celui du reflet dérobé dans le miroir, il faut noter le rôle maléfique du fleuve. Étroitement associé au Horla que transporte un « trois-mâts brésilien » (celui dont la présence est mentionnée à la date du *8 mai*, par conséquent dès l'incipit), il annihile la volonté, « [engourdit] » le narrateur, le « [rappelle] en arrière » auprès de la créature qui a élu domicile dans sa maison (*7 août*).

■ *Art de la suggestion, le fantastique impose le discours surnaturel tout en le mettant en doute : lucidité ou folie du personnage-narrateur ? Cette hésitation crée un vertige, et ce d'autant plus que le discours surnaturel emprunte à la science ses concepts. La double référence au magnétisme et à l'évolutionnisme semble apporter au surnaturel une caution d'authenticité.*

PIERRE ET JEAN (1888)

Pierre Roland cherche la vérité dissimulée derrière l'héritage providentiel qui échoit à son frère. A la structure de l'histoire policière se superpose un schéma tragique, qui fait coïncider le dévoilement de l'énigme et l'issue fatale.
Comme* Une vie, Pierre et Jean *dit la faillite d'un être confronté à une réalité qu'il ne peut supporter parce qu'elle met fin à ses illusions. Il ne lui reste plus alors qu'à partir, mais cette fuite loin d'être libératrice signifie la mort.

UNE HISTOIRE POLICIÈRE

Le roman emprunte sa structure aux histoires policières. En effet, une énigme se trouve posée, dès le début. Pour quelle raison Maréchal a-t-il décidé de léguer sa fortune à Jean, le frère de Pierre ? Pourquoi ne l'a-t-il pas équitablement partagée entre les deux frères ? Les soupçons de Pierre sont vite éveillés. Dès l'annonce de la nouvelle, il demande à ses parents : « Vous le connaissiez donc beaucoup, autrefois, ce Maréchal ? » Les réactions très semblables du père Marowsko (« Ça ne fera pas bon effet ») et de la fille de brasserie (« Ce n'est pas étonnant qu'il [Jean] te ressemble si peu ! ») permettent au personnage de vérifier la pertinence du « doute odieux » qu'il n'ose encore s'avouer.
Dans sa quête de la vérité, qui occupe les cinq premiers chapitres, Pierre dispose de différents indices.
Les premiers lui sont fournis par son père qui, interrogé sur Maréchal, répond bien imprudemment, sans se rendre compte qu'il détient les clefs d'un secret qu'il n'a jamais soupçonné : « (...) il passait toutes ses soirées à la maison; mais tu [Pierre] te rappelles bien qu'il allait te prendre au collège, les jours de sortie, et qu'il t'y reconduisait souvent après dîner. Tiens, justement, le matin de la naissance de Jean, c'est lui qui est allé chercher le médecin ! Il avait déjeuné chez nous quand ta mère s'est trouvée souffrante. Nous avons compris de quoi il s'agissait, et il est parti en courant. Dans sa hâte il a pris mon chapeau au lieu du sien ». L'échange des chapeaux a bien évidemment la valeur symbolique d'un acte manqué : il désigne Maréchal comme le vrai père. Les souvenirs de Pierre sont également des indices précieux. Le personnage se souvient que Maréchal s'est toujours montré généreux avec lui, il lui a offert de l'argent quand il était étudiant. « Donc cet homme l'aimait toujours, s'intéressait toujours à lui, puisqu'il s'inquiétait de ses besoins. Alors... alors pourquoi laisser toute sa fortune à Jean ? » La réponse s'impose.
Enfin, Pierre épie sa mère. Les attaques auxquelles il se livre sont un moyen de tester ses réactions. Au début du chapitre V, Pierre demande à voir le por-

trait de Maréchal. Sa mère prétend qu'elle ne sait pas ce qu'il est devenu. Or, à la fin du chapitre, quand il insiste à nouveau en présence de son père et de Jean, sa réponse est bien différente. Elle retrouve le portrait très facilement, mais semble avoir peur d'y jeter un regard, comme si ce portrait la mettait mal à l'aise. Et pour cause, il révèle la ressemblance entre Jean et Maréchal. La conviction de Pierre est faite. L'aveu de sa mère aura lieu au chapitre VII.

UN RÉCIT TRAGIQUE

Cette enquête s'organise avec la rigueur d'une tragédie classique. On pourrait d'ailleurs retrouver dans le roman les étapes traditionnelles de la tragédie : l'exposition (chap. I : partie de pêche, présentation des personnages, héritage) ; l'intrigue et les péripéties (soupçons de Pierre, enquête) ; le dénouement (aveu maternel, séquence finale coïncidant avec le départ de Pierre). Tout comme dans la tragédie, on note un resserrement de l'espace (la fiction se déroule au Havre et dans ses environs), mais aussi du temps. En effet, la durée de l'histoire n'excède pas quelques semaines, ce qui différencie ce roman d'*Une vie*, dont l'action s'étend sur une trentaine d'années, et même de *Bel-Ami* (il faut trois ans au héros-titre pour réussir son ascension fulgurante). *Pierre et Jean* est le récit d'une crise, et la durée de la fiction se confond largement avec le temps intérieur, celui d'une conscience torturée et malade. Le dénouement s'apparente lui aussi aux dénouements des tragédies, dans la mesure où la fin de l'enquête et la révélation au grand jour de la vérité ont un effet catastrophique pour l'enquêteur. La révélation n'a pas ici une fonction libératrice : elle lie au lieu de délier, témoignant ainsi d'une vision profondément tragique de l'existence.

ÉCHEC DU PERSONNAGE

Les relations de Pierre et de Jean ont toujours été placées sous le signe de la jalousie. Pierre est le grand perdant de cette lutte qui l'oppose à son frère. Il décide de faire fortune comme médecin au Havre. Or, l'héritage permet à Jean de louer l'appartement que Pierre convoitait pour son installation et de s'y établir comme avocat. Pierre, quant à lui, doit se contenter d'un poste médiocre, sur un bateau, et d'une étroite cabine dont il dit à sa mère : « c'est très laid et très petit » (chap. IX).
A l'échec professionnel s'ajoute l'échec sentimental. Pierre rivalise en vain avec Jean pour la conquête de Mme Rosémilly. Depuis le début la jeune veuve préfère Jean, et c'est lui qu'elle s'apprête à épouser à la fin du roman. Et surtout, Pierre échoue dans ses relations avec sa mère. Devenu « l'autre » à la fin du chap. VI (« elle aperçut là-bas sur la plage un corps étendu sur le ventre [...] : c'était l'autre, Pierre, qui songeait [...] »), il ne lui reste plus qu'à partir, exclu par le couple que forment désormais sa mère et Jean après la divulgation du secret : Jean n'est-il pas la réactualisation de Maréchal ? L'aveu à Jean (chap. VII) ressuscite « l'émo-

PIERRE ET JEAN (1888)

tion (...) des adultères anciens». Mme Roland demande à Jean de pouvoir parler avec lui de son vrai père : «(...) il faut que tu acceptes d'être son fils et que nous parlions de lui quelquefois, et que tu l'aimes un peu, et que nous pensions à lui quand nous nous regarderons.» Pierre est exclu de cette complicité, de ce jeu des regards. Ne pouvant être qu'en tiers dans cette relation qui lie désormais Jean et sa mère, il s'en va.

EFFACEMENT DU PERSONNAGE

L'exclusion de Pierre se fait progressivement. L'intérêt porté à Jean rejette son frère dans une sorte d'inexistence, comme en témoigne de manière symbolique l'épisode de la côtelette froide (chap. II) : «Il [Pierre] prit dans le plat creux (...) la côtelette réservée pour lui. Elle était froide et sèche. Il pensa qu'on aurait pu la laisser dans le fourneau jusqu'à son arrivée, et ne pas perdre la tête au point d'oublier complètement l'autre fils, le fils aîné [c'est-à-dire lui-même, Pierre].» De plus, Pierre s'exclut lui-même par son attitude agressive contre son père, lors du repas de fête destiné à Jean, ou inconvenante lorsqu'il fuit à l'arrivée de Mme Rosémilly (fin du chap. IV). Il se sent seul, «inutile» (chap. II). Le chapitre VI, pivot du roman, transforme Pierre de «juge» qui a le droit et la loi de son côté en coupable qui se laisse condamner à l'exil. Le changement de point de vue est significatif de ce renversement. Jusqu'au chapitre VI, la focalisation interne permet d'accorder au personnage un rôle de premier plan (tout est vu à travers le regard de Pierre). Après le chapitre VI, elle détrône Pierre au profit de Jean ou du couple qu'il forme avec sa mère, le point de vue adopté étant désormais celui de ces personnages : Pierre est en quelque sorte effacé par ce choix narratif qui le dépossède de son statut privilégié.

Il part, donc. Devenu le bouc émissaire qui porte le poids de la faute après l'avoir dénoncée, il fuit tel un coupable, d'abord après avoir divulgué le secret de la mère (chap. VII), ensuite en reprenant la suggestion de Jean de s'établir comme médecin maritime. Il accepte de payer le prix d'une faute qui n'est pas la sienne. L'exil qui en découle est vu comme une dissolution du personnage, ainsi qu'en témoigne le dernier paragraphe du roman : «(...) Sa femme [Mme Roland] se retourna encore une fois pour jeter un dernier regard sur la haute mer; mais elle ne vit plus rien qu'une petite fumée grise, si lointaine, si légère qu'elle avait l'air d'un peu de brume.» Fin fermée qui ne laisse aucune autre issue à Pierre que cette entrée dans le néant.

■ *La quête de la vérité a donc entraîné l'échec et la mort du personnage, qui renonce à ses ambitions professionnelles et sentimentales, et surtout à l'amour de sa mère.*
Roman œdipien, Pierre et Jean *est le récit d'une passion exclusive («il n'aimait que sa mère au monde») mais contrariée. Vaincu dans cette rivalité qui l'oppose à Jean (et à Maréchal, qui représente l'homme aimé), Pierre est contraint à l'exil.*

DOCUMENTS

TROIS JUGEMENTS

« Pour nous, et peut-être aussi pour beaucoup de lecteurs, l'effet produit par la lecture de *Pierre et Jean*, ce n'est pas seulement un malaise et une tristesse, c'est aussi une sorte de dépression morale [...].
« Toute une portion de l'humanité, qui ne se compose pas uniquement d'artistes et d'esthéticiens, trouve ce langage un peu rude. Elle souhaiterait qu'on lui parlât de ses souffrances, de ses infirmités et même de ses vices, sur un autre ton, avec un autre accent. »

Le Journal des Débats, *février 1888.*

« Parmi les écrivains de quarante ans, ceux qu'on appelle les jeunes à succès, M. de Maupassant vaut d'être placé premier avec quelques pas d'avance. Des académiciens me l'ont dit, avec eux maints esthètes un peu râblés, et je le pense aussi. Les cent pages qui commencent *Une vie*, trois ou quatre de ses nouvelles frisent le chef-d'œuvre.
« Cette qualité essentielle du romancier digne de ce nom, cette qualité majeure qui permet de créer en dehors de soi, c'est-à-dire non à la semblance de soi, des personnages *doués de vie*, M. de Maupassant la possède. Il excelle, sinon à restituer dans son intégrité la vie de ses personnages, du moins à offrir l'apparence de la vie. Je veux dire que l'auteur de l'histoire émouvante et simple de *Pierre et Jean* se préoccupe surtout de définir ses personnages par une série d'actes congrus et qu'il néglige — volontairement, je crois — d'expliquer le mobile de ces actes. »

L'Événement, *janvier 1888.*

« Les lecteurs de *La Nouvelle Revue* ayant eu la primeur de ce nouveau roman du savoureux et puissant écrivain ont pu apprécier comme nous avec quelle verve et quelle sûreté de main Guy de Maupassant a traité l'une des situations les plus délicates qui puissent tenter l'imagination et l'audace d'un romancier. Combien d'esprits, même parmi les moins timides, eussent reculé devant cette constatation par deux jeunes hommes que leur mère, qu'ils aiment et respectent tous deux depuis leur enfance, a failli dans sa jeunesse et souillé l'honneur paternel ! Ce qui donne à cette effrayante situation un relief encore plus saisissant, c'est que chacun des personnages est dessiné avec une intensité de vie tout à fait extraordinaire, et que le cadre lui-même dans lequel l'action se déroule est reproduit avec une exactitude quasi photographique. Il fallait le merveilleux talent de Guy de Maupassant pour traiter une aussi redoutable situation sans soulever les répugnances du lecteur ou révolter sa sensibilité. »

La Nouvelle Revue, *janvier 1888.*

FORT COMME LA MORT (1889)

L'amour est une des actualisations possibles de la thématique du piège, récurrente dans l'œuvre.* Fort comme la mort *dénonce la tyrannie d'une passion assimilée à une dépossession de soi et responsable d'un arrêt de l'élan créateur.

Mais le roman fait aussi le procès de la vie mondaine. Elle constitue pour l'artiste à succès habitué à l'aisance matérielle et aux flatteries de son public un danger d'affaiblissement et de dénaturation des facultés créatrices.

UNE MALADIE DU CORPS ET DE L'ÂME

« Sait-on, sait-on jamais pourquoi une figure de femme a tout à coup sur nous la puissance d'un poison ? Il semble qu'on l'a bue avec les yeux, qu'elle est devenue notre pensée et notre chair ! On en est ivre, on en est fou, on vit de cette image absorbée et on voudrait en mourir ! » (IIe partie, chapitre V).
La métaphore du « poison » manifeste le caractère destructeur de la passion. L'être qui aime est comme possédé par l'être aimé (« elle est devenue notre pensée »), il est conduit aux confins de la folie et de la mort.
Désire-t-il posséder l'autre à son tour, toute tentative en ce sens est vouée à l'échec : l'autre échappe, se dérobe. Any de Guilleroy, la maîtresse d'Olivier Bertin, vit dans la crainte des rivales potentielles : « Elle vécut donc dans la terreur de le perdre, épiant ses allures, ses attitudes, bouleversée par un mot, pleine d'angoisse dès qu'il admirait une autre femme, vantait le charme d'un visage, ou la grâce d'une tournure. Tout ce qu'elle ignorait de sa vie la faisait trembler, et tout ce qu'elle en savait l'épouvantait. » Tortures de la jalousie.
L'amour est d'autant plus cruel qu'il tend un piège irrésistible. Bertin tombe amoureux de la fille d'Any, insensiblement, parce que les deux femmes se ressemblent à tel point qu'il arrive des moments où elles se confondent, où il devient impossible de les distinguer. « Et il écoutait, saisi par un trouble croissant, il épiait, il attendait, au milieu des phrases de cette fillette presque étrangère à son cœur [c'est du moins ce qu'il croit], un mot, un son, un rire, qui semblaient restés dans sa gorge depuis la jeunesse de sa mère. (...) Jusqu'ici, il avait constaté la ressemblance de leurs visages d'un œil amical et curieux, mais voilà que le mystère de cette voix ressuscitée les mêlait d'une telle façon qu'en détournant la tête pour ne plus voir la jeune fille, il se demandait par moments si ce n'était pas la comtesse qui lui parlait ainsi, douze ans plus tôt. » Pris dans ce vertige des identités, qu'aggrave encore la ressemblance des deux prénoms puisque la jeune fille s'appelle Annette, il ne peut pas ne pas succom-

ber. Mais cet amour est impossible : Annette, qui ne se doute d'ailleurs pas de la passion qu'elle inspire, est promise au marquis de Farandal. Bertin est réduit au silence. Il devient le témoin d'un bonheur qui n'est pas le sien : « Et Olivier, qui voyait tout, qui savait tout, qui avait descendu tous les degrés de l'amour secret, impuissant et jaloux, jusqu'au foyer de la souffrance humaine où le cœur semble crépiter comme de la chair sur des charbons, restait debout au fond de la loge en les couvrant l'un et l'autre [Annette et le marquis] de son regard de supplicié. »

UNE ENTRAVE A LA CRÉATION

Possédé à son insu par l'image de la jeune fille, Bertin ne peut plus peindre. Il n'y a plus de place dans ses toiles pour le monde extérieur, qui cesse d'être une source d'inspiration : « Vrai, je ne puis plus rien voir de neuf, et j'en souffre comme si je devenais aveugle. Qu'est-ce que cela ? Fatigue de l'œil ou du cerveau, épuisement de la faculté artiste ou courbature du nerf optique ? (...) Il me semble que j'ai fini de découvrir le coin d'inexploré qu'il m'a été donné de visiter. Je n'aperçois plus que ce que tout le monde connaît. » L'obsession du même (Annette est un double d'Any) nuit à son originalité. Sa quête de la ressemblance l'empêche de voir dans leur singularité le monde et les éléments qui le composent. Il ne peut plus particulariser sa vision puisqu'il voit « ce que tout le monde connaît ». La ressemblance est un piège. Elle est à l'opposé de la création : non seulement le souvenir de ces deux femmes le poursuit jusque dans son travail (« Mais, quoi qu'il fît, soit qu'il essayât de peindre, soit qu'il voulût se promener, soit qu'il traînât de maison en maison sa mélancolie, il était partout harcelé par la préoccupation inapaisable de ces deux femmes »), mais son regard est désormais incapable d'aller au-delà des apparences pour découvrir du nouveau. En a-t-il d'ailleurs jamais été capable ?

LA CRITIQUE DES MONDAINS

Bertin fréquente la haute société des salons parisiens. Ce milieu est avant tout prisonnier de sa propre image, et pris au piège du paraître. On se donne en spectacle à l'Opéra, ou lors de vernissages auxquels on se rend plus par réflexe que par amour véritable de l'art : « On eût dit que toutes les voitures de Paris faisaient, ce jour-là, un pèlerinage au Palais de l'Industrie. Dès neuf heures du matin, elles arrivaient par toutes les rues, par les avenues et les ponts, vers cette halle aux beaux-arts où le Tout-Paris artiste invitait le Tout-Paris mondain à assister au vernissage simulé de trois mille quatre cents tableaux ». La répétition systématique de l'adjectif indéfini de la totalité (« toutes »), le parallélisme des tournures (« Tout-Paris artiste », « Tout-Paris mondain ») mettent en évidence la signification rituélique de l'événement, comme le suggère également l'emploi du mot « pèlerinage ». En même temps, ce rituel est tourné en dérision au moyen de termes (« simulé ») ou d'expressions modalisantes (« On eût dit ») qui en soulignent le caractère artificiel et hypocrite, d'autant que la valeur singulative de la notation circonstancielle de temps (« ce jour-là »), en limitant dans le temps et dans la durée l'intérêt du « Tout-Paris mondain » pour les œuvres d'art, sous-entend aussi le manque de constance et de sincérité de cet intérêt. Les personnages sont d'ailleurs rayés de ce tableau qui les réduit aux signes du paraître (les « voitures ») ou de la position économique et sociale (« Tout-Paris artiste », « Tout-Paris mondain »). Ce sont des fantoches sans réelle consistance.

Le fait est que la réalité est peu reluisante. Les mondains n'ont aucun but, leur vie est monotone, en quelque sorte momifiée. Ils ont tout, l'argent travaille pour eux, et pourtant ils s'ennuient. Ils passent le temps dans des occupations futiles qui les détournent des choses de l'esprit, de l'art, et du bonheur. Bertin dresse un réquisitoire sévère : « Il montra que rien chez eux n'est profond, ardent, sincère, que leur culture intellectuelle étant nulle, et leur érudition un simple vernis, ils demeurent, en somme, des mannequins qui donnent l'illusion et font les gestes d'êtres d'élite qu'ils ne sont pas. » Et, comme pour prouver la véracité de ces propos, le baron de Corbelle prend la défense de ses semblables en usant d'« arguments inconsistants et irréfutables, de ces arguments qui fondent devant la raison comme la neige au feu » : il « compara, pour finir, les gens du monde aux chevaux de course qui ne servent à rien, à vrai dire, mais qui sont la gloire de la race chevaline ».

LA PERVERSION DE L'ART

Le mondain passe à côté de tout, y compris de l'art, dont il parle sans vraiment le connaître ni l'aimer vraiment. Ainsi, le goût d'Any de Guilleroy est complètement faussé. Bertin lui reproche « d'admirer trop les mièvreries, les délicatesses élégantes, les sentiments exprimés, les nuances bâtardes de la mode, et jamais l'art, l'art seul, l'art dégagé des idées, des tendances et des préjugés mondains ».

Mais, et c'est plus grave, l'artiste est lui-même perverti. Bertin veut plaire. Il a besoin d'être flatté. Il fait même passer les valeurs mondaines avant les exigences de son art puisque « le désir de plaire toujours le troublait sans qu'il s'en rendît compte, modifiait secrètement sa voie, atténuait ses convictions ». Complaisant vis-à-vis d'un public dont il connaît les goûts, il finit par ne plus aller de l'avant, par ne plus s'aventurer dans les régions inexplorées pour y conquérir de nouveaux territoires. Dans l'article consacré à la peinture moderne, il est d'ailleurs rangé dans la catégorie des peintres « démodé[s] ». Cet article sonne le glas de ses ambitions, comme son amour pour Annette celui de ses espérances.

■ Fort comme la mort *est un roman des illusions perdues, hanté par l'angoisse de la dégradation et de la sénescence. L'amour est vu comme une force maléfique qui tend à confondre souffrance et plaisir, vie et mort. Bertin, incapable de canaliser l'énergie passionnelle à des fins créatrices, ne peut que répéter indéfiniment le constat de son impuissance. Quant à la mondanité, elle est futile et superficielle. Elle s'attache à l'art et aux artistes par snobisme, ou alors par amour, mais l'artiste risque de le payer très cher, d'y sacrifier son talent et de trahir, par lâcheté ou par lassitude, les idées qui lui tiennent le plus à cœur. Spectateur de ce monde brillant et factice, Bertin l'est aussi de lui-même, et de l'échec de son art, dégradé à force de compromissions.*

Jean Béraud, Autour du piano.

BIBLIOGRAPHIE

CINQ ÉTUDES LITTÉRAIRES

Maupassant conteur fantastique, M.-C. Baucquart, Lettres modernes Minard, 1976.

Étude intéressante qui valorise l'originalité du fantastique chez Maupassant à travers une analyse précise et riche du « double ».

Étude thématique et structurale de l'œuvre de Maupassant : le piège, M. Besnard-Coursodon, Nizet, 1973.

L'examen d'un motif central chez Maupassant : le piège et ses multiples formes.

Comme Maupassant, Ph. Bonnefis, Presses universitaires de Lille, 1981.

Une analyse de la fêlure originelle de l'auteur du *Horla* : une dimension psycho-critique.

Maupassant, le Bel-Ami, A. Lanoux, Le Livre de poche, 1983.

La biographie de référence : des aperçus éclairants sur l'œuvre et les influences artistiques dont elle s'est nourrie.

Introduction à la littérature fantastique, T. Todorov, Seuil, « Points », 1970.

Définition du genre fantastique et de ses spécificités : on rappellera en particulier l'opposition merveilleux/fantastique. Un classique, désormais.

BIBLIOGRAPHIE

AUTRES TEXTES

- *Maupassant*, A.-M. Schmidt, Seuil, « Écrivains de toujours », 1976.
- *Maupassant*, T. et F. Thunure, Armand Colin, 1992.
- *Maupassant*, H. Troyat, Flammarion, 1989.
- *Maupassant : la sémiotique du texte, exercices pratiques*, A.-J. Greimas, Seuil, 1976.
- *Maupassant, peintre de son temps*, P. Cogny, Larousse, 1978.
- *Maupassant, Flaubert et le Horla*, J. Bienvenu, Muntauer, 1991.
- *Maupassant, conteur fantastique*, M.-C. Baucquart, Lettres modernes, 1976.
- *Maupassant et Fort comme la mort : le roman contrefait*, A. Trévor, Nizet, 1991.
- *Maupassant et l'autre*, A. Savinio, Gallimard, 1977.
- *Maupassant et les autres*, J. Chessex, Ramsay, 1981.
- *La genèse d'« Une vie »*, A. Vial, Les Belles-Lettres, 1954.
- *Album Maupassant* (Maupassant en images), J. Reda, Gallimard, « Bibliothèque de la Pléiade », 1987
- *Maupassant journaliste et chroniqueur*, Albin Michel, 1956.

INDEX

A *VENDRE*, *71*.
ABANDONNÉ (L'), *88*.
ALEXIS (Paul), 94.
ALIÉNATION, *174*.
AMIC (Henri), *60*.
AMOUR, *131*, *142*.
ANDERMATT (Christiane), *69*.
ANGOISSE, *147*.
APPARITION, *112*, *117*, *122*.
APRÈS LA BATAILLE, *94*.
ARGENT, *141*.
ART, *182*.
ARTISTE, *100*.
ASSASSIN (L'), *145*.
ASSOMMOIR (L'), *42*.
AU PRINTEMPS, *151*.
AUBERGE (L'), *167*.
AUTODESTRUCTION, *143*.
AUTRE, *122*.
AUTRUI, *166*.
AUX CHAMPS, *87*, *88*.
AVEUGLE (L'), *89*.
BACHELARD (Gaston), *129*.
BALZAC, *96*.
BARDOUX (Agénor), *27*.
BASHKIRTSEFF (Marie), *72*.
BAUDELAIRE, *167*.
BECKER, *36*.
BEL-AMI, *19*, *53*, *64*, *66*, *108*, *134*, *140*, *170*.
BÊTE A MAIT'BELHOMME (La), *87*.
BLOY (Léon), 155.
BOUDDHISME, *132*.
BOULE DE SUIF, *24* sq, *42*, *46*, *49*, *92*, *152*, *156*.
BOURGET (Paul), *65*, *69*.
BOUVARD ET PÉCUCHET, *39*, *46*.
C*AMPAGNE* (Une), *29*.
CAMPAGNE, *86*.
CAZALIS, *80*.
CÉARD (Henry), *48*.
CHÂLI, *138*.
CHARCOT (J.-M.), *125*.
CHODERLOS DE LACLOS, *40*.
CLAIR DE LUNE, *151*.
COCO, *142*.
CŒUR SIMPLE (Un), *103*.
COLPORTEUR (Le), *67*.
CONFESSION (La), *144*.
CONFESSION DE THÉODULE SABOT (La), *87*.
CONTES DE LA BÉCASSE, *160*.
COULEUR LOCALE, *87*.
COURBET, *159*.
CRUAUTÉ, *88*.
CURÉE (La), *98*.
DANDY, *16*.
DAUDET (Alphonse), *42*.
DE PARIS A HEYST, *139*.
DÉDOUBLEMENT *126*.
« DÉJEUNER DES CANOTIERS » (Renoir), *30*.
DESCRIPTION, *86*, *104*, *108*.
DESTRUCTION, *142*.
DEUX AMIS, *28*.
DIABLE (Le), *88*.
DIALECTES, *87*.
DIDEROT, *54*.
DIEU, *144*, *145*.
DIMANCHES D'UN BOURGEOIS DE PARIS (Les), *106*.
DIVERTISSEMENT, *138*.
DONNEUR D'EAU BÉNITE (Le), *41*.
DU CAMP (Maxime), *47*.
DUCHESSE BLEUE (La), *69*.
DUEL (Un), *23*, *92*.
DUMAS FILS (Alexandre), *65*.
EAU, *128*.
EAU ET LES RÊVES (L'), *129*.
ÉCRITURE, *101*.
ÉDUCATION SENTIMENTALE (L'), *36*, *132*, *151*, *168*.
ÉGOISME, *89*.
ENDORMEUSE (L'), *133*, *143*.
ÉTRETAT, *9-17*.
EXPÉRIENCE VÉCUE, *86*.
FANTASTIQUE, *113-131*, *175*.

INDEX

Farce normande, *86*, *88*.
Faust, *159*.
Fécamp, *9-17*.
Femme, *150*, *152*, *156*, *158*, *170*.
Femme de Paul (La), *31*.
Femme pauvre (La), *155*.
Férocité, *88-89*.
Ferry (Jules), *91*.
Ficelle (La), *86*.
Flaubert, *20*, *21*, *27*, *30*, *34*, *36*, *39*, *40*, *48*, *66*, *73*, *102*, *103*, *151*, *168*.
Fort comme la mort, *61*, *96*, *106*, *136*, *138*, *150*, *158*, *180*.
Fou? (Un), *112*, *122*, *133*, *142*, *144*, *145*.
Freud, *145*.
« Gaulois » (Le), *59*, *114*.
Germinie Lacerteux (Préface), *99*.
« Gil Blas », *60*, *67*, *173*.
Goncourt, *11*, *35*, *52*, *66*, *75*, *99*.
Guerre de 1870, *90*, *92*, *96*.
Guerre, *90-95*.
Gueux (Le), *88*.
Hallucination, *148*.
Harris (Franck), *69*.
Héritage (L'), *25*.
Honfleur, *86*.
Horla (Le), *11*, *77*, *112*, *113*, *117*, *124*, *126*, *145*, *174*.
Horreur, *144*.
Hugo (Victor), *44*.
Huysmans (J.K.), *95*, *154*.
Hypocrisie *140*.
Inde, *132*.
Introduction à la littérature française, *115*.
Inutile beauté (L'), *142*, *150*.
Invasion, *92*.
Ivrogne (L'), *86*.
Jardin, *164*.
« Jeune France » (La), *51*.
Journalisme, *171*.
Karr (Alphonse), *54*.
Laplanche (J.) et Pontalis (J.B.), *145*.
Leloir (Maurice), *36*.
Lettre d'un fou, *138*.
Lettre trouvée sur un noyé, *138*.
Liaisons dangereuses (Les), *40*.
Lit 29 (Le), *23*, *153*.
Lorrain (Jean), *66*.
Lui?, *113*, *123*, *127*, *133*.
Macbeth, *15*.
Madame Bovary, *102*, *132*.
Mademoiselle Cocotte, *129*.
Mademoiselle Fifi, *23*, *50*, *153*.
Main (La), *22*.
Maison Tellier (La), *49*, *50*, *51*, *53*.
Maléfique (Objet), *120*, *124*.
Mariage du lieutenant Laré (Le), *92*.
Martel (Tancrède), *30*.
Marthe, histoire d'une fille, *154*.
Masque (Le), *159*.
Ma vie et mes amours, *69*.
Menuet, *160*, *161*, *164*, *166*.
Mère aux monstres (La), *145*.
Mère sauvage (La), *22*, *88*.
Métaphysique de l'amour, *151*.
Michel (Marius), *55*.
Miroir, *127*.
Miss Harriet, *87*.
Moi, *122*.
Moiron, *132*, *145*.
Moltke, *90*.
Mondanité, *136*.
Monde comme volonté et comme représentation (Le), *132*, *143*.
Monet, *29*, *107*.
Mont-Oriol, *69*.
Morand (Paul), *20*.
Mort, *144*.
Mouche, *29*.
Naturalisme, *89*, *97*, *98*.
Néant, *142*.
Nerval (Gérard de), *80*.
Normandie, *86*, *88*, *102*, *104*.
Notre cœur, *77*, *150*.
Nuit (La), *113*, *161*, *166*.

INDEX

Odyssée d'une fille (L'), *153*.
Onomastique, *87*.
Ordre, *165*.
Papa de Simon (Le), *88*.
« Parcifal », *60*.
Parricide (Un), *88*.
Partie de campagne (Une), *31*.
Paysage, *104*, *107*, *108*.
Paysan, *86*.
Père Milon (Le), *22*, *88*, *92*.
Pessimisme, *132-167*.
Petite Roque (La), *105*, *145*, *148*.
Pétition d'un viveur malgré lui, *150*, *151*.
Pierre et Jean, *20*, *53*, *58*, *64*, *96*, *97*, *101*, *104*, *110*, *128*, *138*, *143*, *152*, *176*.
Pierrot, *142*.
Pittoresque, *87*.
Prostituée, *152*.
Proust (Marcel), *44*.
Pulsion de mort, *145*.
Qui sait?, *79*, *113*, *116*, *118*, *120*, *160* *161*.
Racines, *86*.
Réalisme, *86*, *96*, *103*, *109*.
Récit, *105*.
Réel, *105*.
Refuge, *164*.
Regret, *162*.
Renoir, *29*, *30*, *31*.
Rêves, *76*.
« Revue bleue » (La), *59*.
Roman expérimental (Le), *101*.
Rosalie Prudent, *145*.
Rouen, *19* sq.
Sac au dos, *95*.
Sade, *22*, *36*, *40*, *133*.
Sadisme, *142*.
Saint-Antoine, *88*.
Sand (George), *44*.
Saut du berger (Le), *51*.
Schopenhauer, *132*, *133*, 143, *151*, *152*, *165*.
Sénescence, *158*.
Sens du destin (Le), *133*.
Shakespeare, *15*.
Signe (Le), *152*.
Sœurs Rondoli (Les), *56*, *63*.
Soir (Un), *128*, *153*.
Soirées de Médan (Les), *42*, *90*.
Solitude, *138*, *160*, *166*.
Songe d'une nuit d'été (Le), *15*.
Suicides, *133*, *139*, *143*.
Sur les chats, *142*.
Sur l'eau, *122*, *129*, *130*, *146*.
Swinburne (Charles Algernon), *22*.
Taine, *47*, *65*.
Tassart (François), *66*, *68* sq.
Télékinésie, *120*.
Temps, *158*.
Todorov, *112*, *115*.
Toponymie, *87*.
Tourgueniev, *37*.
Tranquillité, *165*.
« Une passante », *167*.
Veillée (La), *51*.
Vénus rustique (La), *40*.
Verlaine (Paul), *44*.
Victime, *156*.
Vie (Une), *14*, *52*, *57*, *106*, *132*, *162*, *166*, *168*.
Vie d'un paysagiste (la), *107*.
Vie errante (La), *65*.
Vieux (Le), *86*.
Vision, *109*.
Vocabulaire de la psychanalyse, *145*.
Wagner (Richard), *60*.
Yvette, *29*, *31*, *151*, *153*.
Zola (Émile), *29*, *37*, *42* sq, *74*, *94*, *101*.

Crédit photo :
B.N. : 89, 175, 183. Louvre : 86. Orsay : 107. Arts déco : 139 Coll. part. : 159.

Couverture et maquette intérieure :
Emmanuelle Braine-Bonnaire.

La composition de ce livre
a été effectuée par Charente Photogravure à L'Isle-d'Espagnac,
l'impression et le brochage ont été effectués
dans les ateliers de Pollina à Luçon
pour les éditions Albin Michel

Achevé d'imprimer en mars 1993.
N° d'édition : 12759 - N° d'impression : 16108
Dépôt légal : avril 1993.